제임스 게일이 들려주는
한국의 초기 교회 이야기

제임스 게일이 들려주는
한국의 초기 교회 이야기

발행일 2025년 5월 23일

지은이 : 제임스 게일
펴낸이 : 손영란
번역 : 권혁일 손영란
편집 : 김재현 손영란 류명균
디자인 : 박송화

펴낸곳 : 키아츠
등록번호 : 제300-2004-211호
주소 : 강원 화천군 간동면 용호길 33-13
전화 : 02-766-2019
팩스 : 070-7966-0108
홈페이지 : https://smartstore.naver.com/kiats
E-mail : kiatspress@naver.com
블로그 : blog.naver.com/kiatspress

ISBN : 979-11-6037-237-3

제임스 게일이 들려주는
한국의 초기 교회 이야기

제임스 게일 지음

권혁일 손영란 옮김

키아츠
KIATS

편집자 서문

캐나다 온타리오주 알마에서 한국의 서울까지

제임스 게일(James S. Gale)은 1863년 2월 19일 캐나다 온타리오주 알마라는 농촌지역에서 태어났다. 스코틀랜드 출신의 아버지 존 게일(John G. Gale)과 미국에서 건너온 어머니 마이애미 브래트(Miami Bradt) 사이에서 6남매 중 다섯째로 태어나, 비교적 보수적인 신앙환경에서 자랐다.

1884년 토론토 유니버시티 칼리지에 입학해 1888년 6월 문학사 학위를 받고 졸업했다. 대학 시절에 이미 선교에 대한 열정을 품고 있던 게일은, 1885년 프랑스에서 반년을 보내면서 프랑스 지역 선교를 위한 맥콜 선교단에서 활동했고, 1887년 학생선교운동의 선구자인 프린스턴의 월더(R. P. Wilder)와 포만(J. N. Forman)의 토론토 방문을 계기로 한국 선교사역을 구체적으로 결심하게 되었다.

게일은 대학을 졸업하고 20대 중반에 캐나다 YMCA의 후원으로 1888년 12월 15일 부산에 도착했다. 이후

제물포를 통해 서울에 와서 언더우드를 만났다. YMCA
는 연간 500불씩 8년간 게일을 지원하기로 약속했다. 이
후 몇 번의 안식년과 해외 일정을 제외하고 인생의 절반
이 넘는 40년의 세월을 한국에서 보내며 한국 개신교 형
성기에 중추적인 역할을 감당했다. 게일은 한국 개신교의
형성, 성서번역, 동서양의 가교 역할에 있어서 참으로 위
대한 인물이었고, 동시에 어느 교단이나 주의에 얽매이지
않는 낭만적 나그네의 면모를 가지고 살아갔다. 그의 한
국 이름 기일(奇一)은 '낯선 자' 혹은 '기이하거나 놀라운 사
람'으로 풀이될 수 있는데, 그의 생애에 딱 맞는 이름이라
할 수 있다.

게일의 한국 여행

게일은 한국의 여러 곳을 심도 있게 여행했다. 첫 번째로
한국에 도착한 바로 이듬해인 1889년 3월 17일 해주에
도착해, 그곳에서 좀 더 들어간 한국 개신교의 산실 장연
의 소래에서 3개월 남짓 시간을 보냈다. 이 기간 게일은
한국어와 한국문화, 한국인과 한국 기독교의 초기 상황을
배웠고, 이때의 경험이 그의 반평생 한국에서의 활동의 기
틀을 마련해 주었다. 그리고 바로 이곳에서 평생 그의 학
문적 동반자로 사역했던 이창직을 만났다.

두 번째로 1891년 2월에서 5월까지 사무엘 마펫 (Samuel A. Moffett)과 서상륜과 함께 평양과 만주에 이르는 2,300km 대장정을 여행했다. 그곳의 한국 기독교인과 한국어 성경 번역을 살펴보기 위한 이 여행 중 중국 땅 봉천 (현재의 심양)에서 존 로스(John Ross)를 만났고, 동시에 게일의 장편소설 『뱅가드』(The Vanguard)에서 그가 사실감 있게 묘사한 북쪽 지역을 광범위하게 여행했다. 키아츠는 게일이 한국 기독교 초기 시절 이야기를 소설로 엮어낸 『뱅가드』를 한글과 영어로 출간한 바 있다.

세 번째로 존 헤론(John W. Heron)의 미망인 깁슨(Harriet Gibson)과 결혼 후, 1892년 6월 선교지 개척을 위해 3년 정도 원산에 머물렀다. 게일은 1898년 4월 바로 이곳 원산에서 고찬익을 만나 복음을 전했다. 고찬익은 후에 연동교회의 초대 장로가 된 인물로, 『뱅가드』의 중심 인물이기도 하다.

이렇게 게일은 조선에 도착한 지 5년도 안 되는 기간 동안 조선 곳곳을 여행하면서 보고 듣고 체험하였고, 여행을 통해 게일이 이해한 조선의 글과 역사와 풍속은 그의 작품과 선교사역에 깊은 영향을 미쳤다.

마펫과 게일

1890년 7월 게일은 교단 배경과 신앙과 관련해 자신에게 많은 도움을 주었던 마펫을 만났다. 마펫은 게일의 절친한 친구 존 헤론의 갑작스러운 죽음 이후 그의 공허한 마음을 채워 주었다. 게일은 마펫이 학장으로 있던 예수교학당에서 영어를 가르치면서 성서공회 번역위원으로 활동하기 시작했다. 게일을 파송한 캐나다 토론토의 YMCA선교부가 해체되고 약속한 재정 지원을 중단할 수밖에 없는 상황이 되었을 때, 마펫은 1891년 8월 31일 게일이 미국북장로교 선교사로 임명되어 안정적인 선교활동을 할 수 있도록 큰 도움을 주었다. 또한 시간이 흘러 1897년 5월, 게일이 안식년으로 미국에 건너가 인디에나주 뉴알바니장로교 노회에서 마펫의 주관으로 목사 안수를 받았다. 게일의 조선에 대한 열정과 선교적 헌신을 보았던 마펫이 아니었다면, 게일의 한국 활동 역시 오래 지속될 수 없었을 것이다. 이후에도 둘은 성서번역 과정에서 뜻을 같이했고, 게일은 마펫의 평양선교와 신학교 수업에 많은 도움을 주었다.

1916년 평양신학교에 대한 게일의 비판적 평가로 둘 사이가 멀어지며, 결국 그해 5월 게일이 교수직을 사임하기에 이르렀다. 하지만 마펫은 게일의 선교생활 중 매 순간 중요한 역할을 해주었고, 게일 역시 마펫의 평양 선교를 바탕으로 한 소설 『뱅가드』를 출간할 정도로 깊은 교류를 했다.

결혼

게일은 1892년 4월 절친한 동료선교사 헤론의 미망인 헤리어트 깁슨과 첫번째 결혼을 했다. 게일이 한국에 처음 도착한 후 부산에서 활동하려 결심했을 때 그의 건강을 염려하여 서울로 올려보냈던 헤론이, 한국에 머물던 선교사로서는 처음으로 1890년에 사망했다. 그러자 그는 선교부의 비난을 감내하며 헤론의 미망인 깁슨과 결혼하였고, 깁슨과 헤론 사이에 태어난 두 딸의 아버지가 되었다. 그리고 깁슨 역시 1908년 3월 결핵으로 세상을 떠날 때까지 게일을 도와 한국 선교와 번역 작업에 일조했다. 게일과 깁슨의 공조로 1895년 『천로역정』이 한글로 출간되어 빛을 본 것은 대단히 중요하다. 게일과 깁슨의 번역은 길선주 목사를 비롯해 많은 사람에게 적지 않은 영향을 미쳤기 때문이다. 1908년 깁슨이 죽은 해는 게일에게 참으로 힘든 시기였다. 아내의 죽음에 더해 게일이 매우 아끼고 존경한 고찬익 장로와 게일의 부모마저 하늘의 부름을 받았다.

　게일은 그 후 일본으로 건너가 한국선교를 마음에 품고 있는 이들에게 지침서가 될 *Korea in Transition* 출간을 준비하던 중, 일본에서 활동하고 있던 영국인 에이다 세일(Ada L. Sale)을 만나 1910년 4월 재혼했고, 슬하에 세 자녀를 두었다. *Korea in Transition*은 1999년에 집문당에 의해 『전환기의 조선』으로 출간되었지만, 지금은 절판된 상태이다.

성서번역

게일은 성서번역에 깊은 관심을 가지고 있었고, 1890년 도부터 영국성서공회 전임번역위원으로 활동하기 시작했다. 한국에 온 지 2년 만에 성서 번역에 참여할 정도로 그의 한국어 습득과 이해가 상당히 빠르고 깊었다. 이듬해인 1891년에는 마펫과 함께 한반도 북쪽을 여행하며 성경을 읽고 신앙을 받아들인 사람들을 만났고, 존 로스를 만나 성서번역의 상황을 파악하기도 했다. 그가 처음으로 번역한 성서는 1892년에 간행된 『사도행전』이었는데, 마펫은 이 번역을 "근대 번역 중 가장 훌륭한 것"으로 평가하였다. 1893년에는 한국 내 선교사들이 조직한 성서번역위원회에서 본격적인 성서번역 활동을 시작했다.

게일은 한국인들의 언어와 품성에 더 적합한 성경 번역을 주장했다. 언더우드는 'God'을 '천주'(天主)로 번역해야 한다고 주장하고 게일과 마펫은 '하나님'으로 번역할

것을 주장하면서, 1911년 'God'에 대한 논쟁이 정리될 때까지 선교사들 사이에 의견 차이와 대립이 생겨나기도 했다. 언더우드와 더불어 한글-영어 자전을 편찬했던 게일은 한국인과 한국어에 대한 자신의 경험과 이해를 보다 강하게 믿었다.

게일은 이후 성서번역 과정에서 축자적 번역을 비판하며 영국성서공회와도 대립했고, 결국 자신의 성서 번역 방식을 받아들이지 못하는 성서공회를 뒤로 하고 1923년 성서번역위원회 의장직을 사임했다. 그리고 윤치호가 설립한 창문사를 통해 자신이 그동안 번역한 성경 『신역신구약전서』(New Revised Old and New Testaments)를 1925년에 출간했다. 이것은 한글로 번역된 최초의 개인역 성경이었고, 한국인의 정서에 맞게 한국을 마음에 품고 번역한 게일역 성경이었다.

이 선집에는 크게 다루지 않았지만, 게일은 신의 이름을 표기하는 법, 번역 이론과 문체, 그리고 맞춤법 논쟁에 이르는 한국 개신교 성서번역 역사의 여러 부분에서 빼놓을 수 없는 주요한 역할을 담당했다.

연못골의 연동교회 담임목사

게일은 1892년부터는 원산에 정착하여 선교활동과 성서

번역 및 사전을 비롯한 출판 활동에 집중했다. 그의 곁에는 가족과 함께 그가 한국을 떠날 때까지 함께 했던 이창직, 그리고 원산에서 만난 고찬익 등 많은 한국인이 있었다.

1898년 그리어슨(R. Grierson)과 푸트(W. R. Foote)를 중심으로 캐나다 장로회가 원산 선교부를 개설하자, 미국장로회 선교부에 소속되어 있던 게일은 1899년 9월 9일 서울 연못골, 지금의 연동으로 이주했다. 그리고 1900년 5월 연못골 교회의 담임목사가 되어 1927년 한국을 떠나기 전까지 이곳에서 사역했다.

그는 연동교회 담임목사로 사역하는 기간에도 사회의 제반 분야에 관여하여 활동했다. 벙커(A. D. Bunker) 선교사와 함께 이상재와 이승만 등 당시 개화파 지식인이 수감되어 있던 한성감옥에 근대 서적과 성경과 기독교 서적을 보급하고 교육하여 한국인 지식인들의 개종을 이끌어 내기도 했다. 이는 그때까지 상대적으로 낮은 계층의 사람들에게 전파되어 왔던 기독교가 지식인 계층으로 확대된 결정적인 계기가 되었고, 기독교가 민족의 자주독립을 위한 통로 역할을 하는데 기여했다. 게일이 맡았던 여러 직책, 예를 들어 황성기독청년회(YMCA)의 초대회장, 조선예수교장로회 독노회 노회장, 평양신학교 교수, 연희전문학교 이사, 피어슨기념성서학원 원장 등은 초기 한국 교회 역사에서 그의 영향력과 헌신을 보여준다.

1927년 미국 선교부와의 계약 기간을 1년 앞두고 게 일은 연동교회를 사임했다. 그리고 다음과 같은 말을 남기 며 39년간의 긴 한국 사역을 마쳤다.

"나 언제까지 내 마음에 한국을….."

한국과 서양의 가교역할을 한 '한국의 마테오 리치'

게일은 한국 사회와 시대상을 어느 내국인보다 더 객관적 으로 그려주고, 한국의 이야기를 서구세계에 알리며, 서구 의 문학과 기독교 작품을 한국 사회에 알려주었다. 한국과 세계 사이의 가교 역할을 제임스 게일보다 더 훌륭하게 해 낸 사람은 없을 것이다. 그런 의미에서 게일은 명나라 말 중국에서 기독교 작품을 위주로 중국과 서양세계 사이의 매개자 역할을 담당했던 마테오 리치(Matteo Ricci)와 비견할 만하다. 게일이 1895년 완역해서 소개한 『천로역정』은 한 국어로 번역된 최초의 서양 서적으로, 선교 현장에 엄청난 영향을 미쳤다. 또한 17세기 후반에 김만중이 쓴 고전소 설인 『구운몽』을 영어로 번역해 한국문학을 해외에 최초 로 소개한 것을 생각하면, 우리가 게일을 '한국의 마테오 리치'라 부르는 것은 지나친 일이 아닐 것이다.

이러한 일들은 한국 사회를 깊숙이 알고자 했던 게일

자신의 열정과 그의 타고난 문학성 때문에 가능했다. 게일은 한국인들을 알기 위해 그 어느 선교사보다 현장을 더 많이 경험하고, 한국의 풍습과 관습을 긍정적이고 객관적으로 살피는 작업을 게을리하지 않았다. 그렇지만 게일의 사역 초창기부터 그를 도왔던 한국인들의 헌신이 없었다면 그는 '한국의 마테오 리치'가 되지 못했을 것이다. 예를 들어 게일이 조선에 온 다음 해인 1889년 해주와 소래 여행에서 이창직을 만난 것은 개인 차원뿐만 아니라 한국 개신교 역사에서 중요한 사건이었다. 게일은 이창직과 함께 원산에서 『사과지남』과 『천로역정』 작업을 진행했다. 이창직 외에도 이원모 역시 게일의 작품활동에 중요한 인물이었다. 게일의 주요 작품은 부록을 참고하기 바란다. 현재 그의 대부분 저서는 워싱턴 국회도서관과 그의 모교 토론토대학교에 소장되어 있다.

이 책의 독법과 감사

이번 책은 2012년 키아츠가 한글과 영어 합본으로 발행한 『한국의 마테오 리치, 제임스 게일』에 기반하고 있다. 당시 발행한 책은 총 5부로 구성했는데, 1부는 게일과 한국교회, 2부는 한국민족과 한국 역사, 3부는 한국 종교와 조상숭배, 4부는 은자의 나라에 발을 내디딘 선교사 이야기, 5부는 게일과 한국문학으로 꾸몄다. 이는 게일의 작품 전체를 균형 있기 보여주기 위한 시도로, 부록에는 그의 방대한 작품들을 한 권 한 권 간략히 소개하기도 했다. 캐나다와 한국 독자들의 사랑을 받아온 이 책의 초판은 오래전에 소진되었다. 그러나 그간의 독자들의 사랑 덕분에 이번 개정판 작업이 가능했다.

100여 년 전 앞서 살다 간 게일의 선교사와 문학가와 목회자로서의 영적 유산은 21세기 한국 기독교인들에게 여전히 유효하다. 기존의 책을 '키아츠기독교영성선집'으로 다시 출간하면서, 한국 교회의 초기 모습을 생생히 보여주는 14개의 이야기를 선별하고, 독자들이 더 쉽게 읽을 수 있도록 문장을 다듬었다. 이 이야기의 대부분은 1909년 출간된 *Korea in Transition*과 1898년 출간된 *Korean Sketches*에 담겨있다. *Korea in Transition*에서는 격변하던 조선 말의 한국 정세와 한국인의 정신세계와 신앙을 보여주는 게일의 탁월한 통찰력이 잘 드러난다. *Korean Sketches*는 게일이 한국에 온 이후 10년간의 경험을 기록한 책으로, 이 내용의 상당 부분은 이미 *The Korean Repository*에 담겨있다.

21세기 한국 기독교는 100년 전보다 여러 면에서 비약적인 발전을 했다. 그러한 발전의 저변에는 게일과 그의 작품 속에 등장하는 수많은 사람의 헌신과 열정이 기초석으로 자리하고 있다. 게일의 소망처럼, 오늘날 한국 기독교는 한국 사회 뿐만 아니라 세계 교회에 적지 않은 기여를 하고 있다.

이번 작업을 하면서 세 가지 바람을 품게 되었다. 첫째, 아비 없는 자식이 없듯이, 오늘날 그리스도인들이 한국 기독교 초창기 선구자들의 수고를 인식할 뿐만 아니라, 그들을 통해 지금 우리 신앙의 뿌리에 대한 이해를 넓혀 가기를 바란다. 둘째, 세계 곳곳에서 활동하고 있는 한국인 선교사들이 게일처럼 선교지 현장의 역사와 문화를 존중하면서 그들의 유산을 소중히 여겼으면 좋겠다. 셋째, 한국 기독교인들이 우리의 것을 보다 소중하게 여기고 자부심을 한 층 더 갖는 계기가 되기를 희망한다.

키아츠의 영성작품 한 권 한 권은 많은 분의 땀과 헌신으로 이루어지고 있다. 2012년 나온 『한국의 마테오 리치 제임스 게일』은 토론토 영락교회의 후원으로 가능했다. 토론토 영락교회는 이후에도 키아츠 영성선집의 인쇄비를 지원해 주기도 했다. 영락교회에서 설교하면서 알마에 있는 게일이 살던 집을 몇 번이고 방문한 것도 고마운 추억이다. 제임스 게일 연구는 토론토 영락교회와 송민호 목사님의 애정과 후원이 없었으면 애초에 불가능했을 것이다. 그리고 초판 작업에 한글 번역으로 동참해 주신 권혁일 교수, 영어 번역을 해준 양성현 박사, 김명준 선생, 여러 편집진에게 감사를 드린다. 그들의 수고가 이번 개정판에 큰 도움이 되었다. 이번에 게일의 이야기를 14개의 주제로 뽑아 편집해 준 손영란 대표에게 감사를 드린다. 그리고 류명균 팀장과 박송화 디자이너에게도 여전한 감사를 드린다.

이제 게일 선교사의 이야기를 들으며, 아주 옛날 우리 할아버지 할머니들이 처음 예수를 믿었던 시절로 떠나보자. 벌써 흥미를 자아내는 각 장의 제목 하나하나가 우리를 100년 전 한국으로 순간이동시키는 듯하다. 그저 게일의 손을 잡고, 19세기 말과 20세기 초 우리 선배들이 살았던 시대를 다시금 음미하고 싶다.

2025년 5월
김재현

차례

1장 특별한 섭리의 땅 조선

대변혁

이곳 조선에서 일어나고 있는 일은 프랑스 혁명이 아니다. 이곳에는 '창들의 축제'(Feast of Pikes)도 없다. '창들의 축제'는 프랑스 혁명 당시인 1790년 7월 14일에 열린 '피케 축제'를 가리킨다. 혁명 1주년을 기념하여 시민들이 모여 행진하고 축하했던 행사로, '파이크'(Pike)는 당시 민병대가 사용하던 무기인 창을 뜻한다.

그러나 분명, 지금 조선에서도 혁명이 일어나고 있다. 낡은 족쇄를 끊고 발목을 옭매던 속박을 벗어던지는 혁명이다. 녹슨 사슬을 끊어내는 혁명이며, 동양에서는 지금껏 한 번도 경험하지 못한 거대한 변화이다.

그 결말은 과연 어떻게 될 것인가? 이 오래된, 그림 같은 세계의 한 귀퉁이는 이제 점점 평범한 서양의 모습으로 변해갈 것이다. 그리고 사람들은 자신들이 만나는 지도자가 선한지 악한지에 따라, 선한 사람이 되거나 악한 사람이 될 것이다.

이미 도시 곳곳을 전차(電車)들이 달리고 있으며, 그 전차를 운전하는 것은 조선인들이다. 그들은 일류 기관사로 활약하고 있다. 한반도 전역을 가로지르는 강철 선로는 조선을 유럽과 서구세계와 연결하고 있다.

종로를 따라 설치된 급수전에서는 8km 떨어진 강에서 끌어온 깨끗한 물이 흘러나오고 있다. 불결한 우물물을 마시던 과거와 비교하면, 이제 사람들은 더욱 안전한 물을 마실 수 있게 되었다. 오늘날 젊은이들은 위생과 세균과 박테리아에 관해 이야기한다. 그러나 이 모든 것을 믿지 않는 보수적인 늙은이들은, 자신들이 익숙했던 세계가 발아래에서 서서히 떠내려가는 모습을 그저 바라볼 뿐이다.

성서시대의 모습을 닮은 조선의 풍습

하나님의 섭리 가운데 놀랍게도, 조선은 성경에 기록된 시대와 장소의 모습을 그대로 간직한 모형처럼 보존되어 왔다. 선교를 시작한 초기에는 이러한 성경과의 연관성이 너무도 자주 눈앞에 펼쳐져, 마치 꿈속을 걷는 듯한 느낌이 들곤 했다.

시간이 지나면서 점차 익숙해지자, 우리는 그 연관성

을 쉽게 의식하지 않게 되었고 때로는 잊거나 간과하기도
했다. 하지만 20년이 지난 지금도, 많은 변화가 있었음에
도, 여전히 들리는 소리와 눈 앞에 펼쳐지는 광경 속에서
우리는 다윗과 다니엘, 베드로와 바울이 살던 시대를 떠올
리게 된다.

인사법

조선 사람이 하나님 앞에 엎드려 절하거나 자신을 낮추어
경배할 때, 그의 얼굴은 문자 그대로 흙에 닿고 이마는 땅
에 닿는다. 이와 같은 모습으로 다윗이 사울 앞에 절했으
며(삼상 24:8), 사울 역시 사무엘의 영을 보고 엎드려 절하였
다(삼상 28:14).

　우리 주변에서는 "평안하십시오", "평안하소서", "평
안히 가십시오", "평안히 주무십시오", "평안히 잡수십시
오", "평안히 쉬십시오"와 같은 인사말을 자주 들을 수 있
다. 이는 옛 히브리인들이 "샬롬"(Shalom)이라 인사했던 것
과 같으며, 오늘날 이슬람교도들이 "살람"(Salaam)이라고
인사하는 것과 유사하다.

　이러한 인사는 요한복음 14장 27절에서 예수님께서
하신 말씀을 떠올리게 한다.

　"평안을 너희에게 끼치노니 곧 나의 평안을 너희에게

주노라"(요 14:27).

이것이 예수님 시대의 인사였으며 오늘날 조선에서도 여전히 사용되는 인사다. 조선인은 성경에서 '평안'이라는 단어를 읽으면 미국인이나 유럽인보다 그 의미를 더욱 분명하게 이해할 수 있을 것이다.

결혼과 기타 풍습

"보라, 신랑이로다! 맞으러 나오라!"

흰색 말을 타고 왕의 예복을 입은 신랑이 이리로 온다.

"길을 비키시오, 신랑이 지나가오!"

많은 하인이 기쁨에 찬 환호를 외치며 신랑을 따른다.

이 광경은 마치 꿈속에서나 볼 법한 장면이다. 이러한 관습이 세상의 변화에 조금도 영향을 받지 않고 예수님께서 오실 때까지 그대로 이어져 왔기 때문에, 예수님의 말씀과 예수님 시대가 우리에게 더욱 친숙하게 느껴진다. 밤을 지키는 파수꾼의 모습, 새벽을 깨우는 닭 울음소리도 마찬가지다.

의복

"가슴에 금띠를 두르고"(계 1:13)라는 표현은 미국이나 영국의 젊은 신자들에게는 그 의미가 분명하게 와닿지 않을 것이다. 중국이나 일본에서도 이에 대한 특별한 실마리를 제공하지 않는다. 그러나 조선에서는 사정이 다르다. 조선인들은 발목까지 내려오는 긴 흰색 옷을 입고 가슴에는 수놓은 허리띠를 두르는 풍습이 있었다. 이 전통은 선교사들이 도착한 이후에도 그대로 유지되었으나 20세기가 들어서면서 점차 사라졌다.

흰옷은 성경에서도 중요한 상징으로 등장한다.

"그 옷이 세상에서 빨래하는 자가 그렇게 희게 할 수 없을 만큼 매우 희어졌더라"(막 9:3).

옛날에 누추한 초가집에서 나오는 사람이 마치 연마된 대리석처럼 빛나는 도포를 입은 모습을 볼 때면, 이 구절이 떠오르곤 했다.

조선의 신발 풍습도 성경과 흥미로운 연관이 있다. 중국이나 일본에서는 조선만큼 신발문화가 성경과 밀접하게 연결되지 않는다. 조선의 신발에는 발등 위를 묶는 끈이 있어서, 하인들이 고개를 숙여 그 끈을 풀어주곤 한다. 그리고 유대와 마찬가지로, 조선에서도 실내에서는 절대 신발을 신지 않으며 출입구 발판 위에 벗어 두는 것이 일반적이다.

잠자리

"네 침상을 가지고 걸어가라"(마 9:5-6).

어렸을 때 이 구절을 읽으며 참 이상하다고 생각한 적이 있었다. 막 병에서 회복된 가여운 사람이 침실에서 네 다리가 달린 침대를 힘겹게 끌고 나가는 모습이 머릿속에 떠올랐기 때문이다. 그러나 조선에 와서야 이 말씀의 의미를 온전히 이해할 수 있었다.

조선에서 잠자리는 단순히 방바닥에 펼쳐놓는 작은 요에 불과했다. 그리고 아침마다 일어나면 그것을 개어 정리하는 것이 자연스러운 일상이었다. 아침 햇살과 함께 정신이 들면, 병에서 회복된 사람도 자신의 요를 개어 들고 낮동안 보관할 곳으로 걸어가는 것이다.

이처럼 조선의 평범한 일상 속에서 우리는 예수님께서 이 땅에서 사셨던 삶을 보다 가까이 경험할 수 있었다.

조선인들은 특히 관습에 대해 큰 호기심을 갖고 있다. 만약 성경이 서구의 생활 방식으로 가득했다면, 조선인들에게 그 의미를 설명하는 데 온종일, 아니 수년이 걸렸을지도 모른다. 그러나 성경은 처음부터 끝까지 조선인의 삶과 세계를 이야기하고 있으므로, 그들에게는 관습에 대한 의문이 거의 없거나 아예 생기지 않는다.

장례식

성경에서 언급되는 '굵은 베옷과 재'의 관습은 서양인들에게는 너무나도 낯설게 느껴진다. 예를 들어, 야곱(창 37:34), 모르드개(에 4:1), 그리고 이사야(사 58:5)는 모두 이러한 방식으로 참담한 심정을 표현했다.

그러나 조선에서는 지금도 삼베옷이 슬픔과 애통함을 상징한다. 상을 당한 사람들은 머리를 풀고 자루 같은 거친 베옷을 몸에 두른 채, 욥처럼 앉아 "아이고, 아이고"라고 통곡한다.

"애통해하는 사람들은 거리로 왕래한다"(전 12:5).

내 집에서는 도시의 큰 길이 내려다보인다. 해 질 무렵이면 등이 켜진 장례 행렬이 지나가고 그 뒤로 길게 늘어선 조문객들이 굵은 베옷을 입고 따라가며 구슬픈 곡소리를 내는 광경을 자주 목격하곤 한다.

이처럼 조선의 장례 풍습과 성경 속 장면이 놀라울 정도로 닮아 있는 것은 단순한 우연이 아니라, 하나님의 섭리가 아닐까?

귀신의 존재를 믿는 조선인

조선 사람들이 기독교적 사고방식과 밀접하게 연결될 수 있는 또 하나의 이유는 '귀신 들림'을 자연스럽게 이해하고 있기 때문이다. 조선인들에게 귀신의 존재는 마치 인간이 존재하는 것만큼이나 당연한 사실이며, 의심할 필요조차 없는 현실이다. 귀신은 곳곳에 있으며, 귀신을 쫓아내는 일은 벌이가 좋은 직업이기도 하다.

"주의 이름으로 귀신을 쫓아내며"(마 7:22), "예수께서 말씀으로 귀신들을 쫓아내시고"(마 8:16), "귀신을 내쫓는 권능"(막 3:15), "일곱 귀신을 쫓아내어 주신 막달라 마리아"(막 16:9).

이러한 성경 구절을 읽을 때, 서구인들은 마치 다른 행성에서나 일어날 법한 이야기처럼 여긴다. 그리고 귀신들림에 관한 모든 이야기에 의문을 품는다.

'이것은 단순한 질병이 아닐까?', '의학적으로 진단하고 치료할 수 있지 않을까?', '정제나 환약으로 해결할 수 없을까?', '미신과 무지에서 비롯된 오해일지도 모른다.'

이러한 의문들은 우리를 성경의 이야기로부터 점점 멀어지게 한다.

그러나 조선 사람들의 시각은 전혀 다르다. 그들의 질문은 다음과 같다.

'예수님이 정말 귀신들을 쫓아낼 수 있을까?', '사악한 귀신들뿐만 아니라 거대한 악령까지 몰아낼 수 있을까?', '이 모든 것이 정말 사실일까?', '예수님은 귀신 들린 자들과 억눌린 자들을 돌보실까?', '우리는 마귀와 귀신이 존재한다는 것을 알고 있는데, 예수는 과연 누구인가?'

이렇게 본다면, 조선의 문화와 신앙은 신약성경을 읽고 이해하는 데 있어 누구보다도 탁월한 준비 과정을 거쳐온 셈이다. 조선인들은 병을 악령의 탓으로 돌리는 경우가 많다.

"각종 병"(마 4:24)이라는 문구는 조선의 불결한 환경, 가난, 그리고 그 속에서 살아가는 군중들에게 너무나도 적절하게 적용된다. 사지가 뒤틀린 자들, 눈먼 자들, 병들고 상한 육신을 가진 이들, 그들 모두가 예수께로 나아오도록 초대되었으며, 지금도 그 초대는 유효하다. 그리고 당신의 믿음대로 당신도 초대될 것이다.

"너희 믿음대로 될지어다"(마 9:29).

분명히 하나님은 인간의 분노, 천박함, 상처, 불결함, 문둥병조차도 취하셔서 그것을 하나님의 명예와 영광을 섬기는 종들로 변화시키실 수 있다.

니고데모를 닮은 조선인

조선인의 전형적인 모습은 니고데모와 닮았다. 니고데모는 본능적으로 신사적이며, 습관과 말투에서도 품위를 유지하는 사람이었다. 그는 낮에 예수를 찾아오면 '체면'

을 잃을까 두려워 밤에 몰래 예수를 찾아왔다. 그리고 조선 사람들처럼, 먼저 정중한 존경의 표현으로 대화를 시작한다.

"하나님께로부터 오신 선생님이여."

니고네모는 예수님이 진리이심을 알고 있었기에 이러한 경칭을 사용했다. 그는 예수를 따르기 원했고, 그의 마음은 떨어지는 씨앗을 받아 가꿀 준비가 되어 있었다. 그리고 마침내, 그는 결정적인 순간에 나타나 가장 귀한 섬김의 자리에 서게 된다.

니고데모가 결국 예수를 향해 나아갔듯이, 조선도 그렇게 되기를 바란다. 조선은 이 복음 시대의 마지막에 특별히 거룩하게 구별된 곳이다. 조선인들은 온유하며 높은 도덕심을 가졌다. 비록 그들의 역사 속에서 그 도덕이 항상 지켜지지는 못했을지라도, 올바른 원칙을 높이 평가하는 기질을 갖고 있다. 이는 바로 복음을 받아들이기 위한 준비 과정이었다.

조선은 겉으로 보이는 습관과 관습, 의례의 형태에서 성경을 이해할 준비가 된 민족이다. 그들이 숨 쉬는 공기에는 마치 그리스도 시대의 향기가 스며들어 있는 것 같고, 사회의 움직임 또한 고대 팔레스타인의 방식과 닮아 있다. 그들의 내면적 사고방식은 성경에 기록된 그대로이며, 그들의 미신은 이스라엘 쇠퇴기의 모습과 유사하다. 영적 세계에 대한 이해는 유대 주변 국가들이 가졌던 인식과 비슷하며, 삶에 대한 그들의 결론 역시 성경 속 세속적인 인물들이 내렸던 결론과 크게 다르지 않다.

이 모든 조건을 충족시키는 것은 바로 그들의 놀라운 언어인 '언문'(한글)이다. 과녁을 정확히 맞히는 탄환처럼, 한글은 오늘날 조선이 복음을 받아들이기에 가장 적합한 도구가 되고 있다. 하나님께서 요구하시는 것을 수행할 수 있도록 이 땅을 준비시키고 계신 것이다.

조선은 나라로서 가장 뒤처지고 가장 작고 보잘것없으며 아무것도 아닌 존재처럼 보인다. 그러나 하나님의 손에 끌려 쓰이기에는 너무나도 아름답고 적합한 나라다! 지금 이 순간에도 선교위원회는 깨어 있으며, 새로운 힘이 그 안으로 밀려들고 있다.

지난날 조선은 자기들의 군대가 해산된 것(1907년)을 원통해하며 주저앉아 울었다. 그러나 오늘의 조선은 텅 비고 황폐해진 그 자리를 채울 구원의 군대를 반기고 있다. 이러한 이들을 통해 하나님의 다양한 섭리가 더욱 빛을 발하며 역사하고 있다.

2장 선교사역지로서 아시아의 전망

이 글을 읽는 사람들은 나를 따라오라. 그러면 복음이 전해지지 않은 땅, 가르칠 사람조차 없는 땅을 보여 주겠다. 그곳에서 극동을 보게 될 것이다.

극동은 멀리, 더 멀리, 그리고 훨씬 더 멀리까지 뻗어 있다. 상상할 수 있는 범위를 훨씬 뛰어넘는다. 그곳에는 셀 수 없이 많은 사람이 살고 있다. 인구가 너무 많아 세는 것조차 불가능하다. 그곳에 그렇게 많은 사람이 살고 있으리라고는 미처 생각하지 못했을 것이다.

그들은 그곳에서 무엇을 하고 있을까? 그들은 아무런 방향도 없이 이 길 저 길을 헤매며, 세대를 거듭해 이어지는 지루한 쳇바퀴 속에서 살아간다. 바위와 부서진 화강암 위에 새겨진 오래된 발자국을 따라 걸으며, 이해할 수도 없는 기도를 중얼거리고, 의미 없는 맹세를 내뱉으며, 옛날과 다름없는 공포 속에서 죽어간다.

눈물과 통곡과 고통 속에서, 그들은 그렇게 죽고, 묻히고, 그리고 그 과정은 끝없이 반복된다. 그들에게는 교회도, 병원도, 신문도, 학교도, 책도, 사상의 자유도 없다. 삶이 무엇인지 설명해 줄 사람도 없고, 갑작스러운 자연재해를 어떻게 대응해야 할지조차 알지 못한다. 바로 이웃 나라들이 어떤 나라인지도 알지 못한 채 살아간다.

그들은 지하세계에 반인반수의 괴물이 사는지, 악마들이 도사리고 있는지 아무것도 알지 못한다. 해와 달과 별의 변화를 두려워하며, 바다를 굶주린 용과 괴물들이 가득한 위험한 곳이라 여긴다. 육신을 떠난 영들이 떠도는 언덕을 공포에 떨며 지나고, 영혼과 정신과 육신을 위한 어떠한 희망도 없이 살아가고 있다.

그들을 바라보며 깊이 생각하고 숙고하라. 만약 당신이 그곳에서 태어났더라면, 당신 역시 공허한 눈빛과 잡초처럼 황폐해진 영혼을 가진 채, 희망 없이 움츠러든 마음으로 살아갔을 것이다. 당신의 몸은 먼지를 뒤집어쓴 채 더러워졌을 것이고, 비좁은 움막에 웅크리고 살았을 것이다. 불쌍하고 무지한 이교도로 살아가며, 세상을 잘 안다고 생각하는 이들로부터 비웃음과 발길질, 손찌검과 침 뱉음을 당했을 것이다. 그리고 결국, 당신의 육신은 땅에 묻히지도 못한 채 버려지고, 살아 있는 모든 이들에게 두려움의 대상이 되었을 것이다.

만약 당신에게 영혼이 두 개 있는데 그중 하나를 이렇게 잃었다면, 남은 영혼은 잃어버린 그 영혼을 구원하기 위해 세상에서 가장 먼 곳까지라도 달려가지 않겠는가?

그러나 바로 그 잃어버린 반쪽만큼이나 소중한 존재들이, 지금 이곳에 수없이 많은 극동의 사람들이다. 이제 그들을 향해 세상의 모든 문이 열리고 있다. 강력한 증기선이 대양을 가르며 그들을 향해 나아가고 있고, 시야를 넘어 길게 뻗은 철로를 따라 기차가 질주하며, 그들의 무지로 둘러싸인 성안으로 전신(電信) 신호가 전달되고 있다.

이 모든 것은 단순한 변화가 아니다. 이것은 하나님이 당신을 부르고 계심을 알리는 신호다.

당신의 쌍둥이 형제가 감옥에 갇혀 있다. 자신을 내려놓고 당신의 뜻을 버리고 그를 찾아가라. 그가 굶주리고 있으니 먹을 것을 주고, 목말라하니 마실 것을 주라. 이 일을 잘 해낸다면, 반드시 고난과 희생의 시간이 찾아올 것이다. 시련과 자기 부인의 순간도 겪게 될 것이다.

그러나 그 모든 것이 끝나는 날, 당신의 앞에는 이 땅에 세워진 것 중 가장 아름다운 성이 펼쳐질 것이다. 그곳에서 가장 빛나는 의장병들이 길을 안내할 것이며, 성문에 다다랐을 때 당신이 일생 동안 듣고 싶었던 목소리가 울려 퍼질 것이다. 그리고 말로 다 표현할 수 없는 기쁨과 충만한 영광 속에서, 동양의 황색 땅에서 온 사랑하는 많은 친구를 만나게 될 것이다.

이제 극동이 주도권을 잡을 때가 왔다. 그 시간이 되었다. 극동은 수많은 인류를 위해 세계를 이끌려 하고 있다. 만약 전 세계를 대표하는 대통령이 보통선거로 선출된다면, 그 대통령은 황인종이 될 것이다. 극동은 무엇이든 해낼 수 있다. 일단 가르쳐주기만 하면, 동양인들은 서양인들이 할 수 있는 모든 일을 더 적은 비용으로 더욱 효율적으로 이뤄낼 것이다.

극동은 오늘날 사상계 전체에서 가장 중요한 질문이다. 두려움이 극동을 감싸고 있으며, 동시에 말로 표현할 수 없는 희망도 극동에 집중되어 있다. 극동은 악마처럼 증오받을 수도 있고, 어린아이처럼 사랑받을 수도 있다.

그대, 동방이여! 그 마지막이 어떻게 될 것인가? 진실로 그대들 중에서 세대를 넘어 길이 남을 위대한 남성과 훌륭한 여성들이 나올 것이다. 그대 안에는 세상의 문제를 해결할 열쇠가 감추어져 있으며, 모든 질문에 대한 답이 숨어 있다.

3장 한성감옥이라는 신학교

신학교에서 감옥까지

최근 평양에서는 장로교인들이 신학교를 설립했고(1901년), 서울에서는 감리교인들이 또 다른 신학교를 세웠다(1907년). 이는 선교사역이 새로운 단계로 접어들었음을 의미한다. 이 신학교들에서는 나라의 뛰어난 인재들이 일정 기간 신학을 공부하고 있다. 교육 과정은 현재 선교사역의 단계, 학생들의 학문적 수준, 그리고 시대적 필요에 맞춰 조정되고 있다. 서울에서 신학교를 이끌고 있는 조지 존스(George H. Jones) 박사와 평양에서 신학교를 운영하는 사무엘 마펫 박사는 조선의 영적 문제를 깊이 연구한 인물들이다. 이 두 사람의 지도로 신학교육 사역은 미래를 향한 강력한 희망이 되고 있다.

사실 선교사의 삶은 많은 이들에게 복음을 전하는 선포자의 역할에서 소수의 사람을 깊이 가르치는 교사의 역할로 점점 변화하고 있다. 여기에서는 신학교들에 대해 간략히 언급하지만, 이제 막 시작된 이 신학교들은 다가올 조선 교회의 역사 속에서 가장 중요한 위치를 차지하게 될 것이다.

그러나 또 다른 형태의 신학교들도 선교 사역에서 위대하고 중요한 역할을 감당했다. 그중에서도 가장 독특한 신학교가 바로 '감옥'이었다. 그곳은 더럽고 춥고 동양에서 창궐하는 모든 병원균에 오염된 곳이었다. 해충이 들끓고 범죄와 고문, 끔찍한 죽음이 뒤엉켜 있는 공간이었다. 그러나 동시에 그곳은 '복당'(福堂), 즉 축복의 집이 되기도 했다.

구(舊)황제가 절대 권력을 행사하던 시절, 이 격리수용소에는 이승만, 유성준, 김린, 이상재, 이원긍, 김정식이 갇혔다. 황제는 이들이 서양식 개혁을 원한다고 믿었고, 실제로도 그랬다. 그들은 판사나 배심원에 의한 재판 없이 옥에 갇혔고, 몇몇은 목에 칼을 차거나 쇠사슬에 묶인 채 강제 노역을 했다. 혹독한 추위와 가혹한 대우 속에서 고통받았으며, 언제 처형될지 모른다는 두려움 속에서 하루하루를 견뎌야 했다.

그러나 그들의 몸속에는 오랜 세월 이어진 명문가의 자랑스러운 피가 흐르고 있었고, 마음속에는 죽음을 불사하는 복수의 의지가 타오르고 있었다. 그들은 탈출을 꿈꿨다. 적절한 때가 오면 예리한 칼로 쌓였던 원한을 풀기를 희망했다. 그러나 뜻밖에도, 그들은 감옥에서 신약성서, 존 번연(John Bunyan)의 『천로역정』, 그리고 중국에서 출판된 드 와이트 무디(Dwight L. Moody)의 소책자들을 접하게 되었다.

그들이 있던 감옥을 달지엘 벙커(Dalziel A. Bunker) 목사와 그의 부인이 정기적으로 방문했다. 감옥은 처음에는 단순한 문답실이 되었다가, 점차 기도의 집으로 변했다. 이어서 종교적 훈련을 위한 예배실, 신학 강의실로 발전해 갔다. 그리고 마침내, 하나님은 그들 모두를 감옥 밖으로 끌어내 새로운 길로 인도하셨다.

그들은 높은 사회적 지위와 정치적 영향력, 그리고 탁월한 한문 실력을 바탕으로 조선의 수도에서 활동한 첫 번째 기독교 지도자들이 되었다. 이승만은 1909년 미국으로 건너가 하버드대학에서 대학원 과정을 밟고 있다. 유성준은 정부 관리로 일하면서도 한결같이 신실한 기독교인의 삶을 살고 있다. 한때 의정부 참찬과 워싱턴 D.C. 주재 공사관 서기관을 지낸 이상재는 현재 서울 황성기독교청년회(YMCA)의 종교부 총무로 활동하고 있다. 김린은 YMCA 조선인 지부 사무총장으로 봉사하고 있다. 당대 저명한 유학자였던 이원긍은 이제 서울장로교회의 장로가 되었다. 한때 서울 경무국장을 지낸 김정식은 현재 도쿄에서 한국인 유학생들을 대상으로 종교 활동을 담당하고 있다.

감리교나 장로교의 후원으로 설립된 것도 아닌, 이 오래되고 더러운 '감옥'이야말로 우리에게 가장 큰 도움을 주었다. 이처럼 하나님께서는 가장 낮고 비천한 수단조차도 그분의 영광을 위해 사용하실 수 있다. 이를 깨닫게 될 때, 우리는 조급해하지 않고 더욱 기도하며 신중히 나아가야 함을 배운다. 그리고 하나님께서 무엇을 이루실지를 기다리며 지켜볼 줄 알아야 한다.

시련

이곳에서 이루어진 모든 사역에는 신앙의 시련이 깊이 스며들어 있으므로, 이에 관해 이야기할 필요가 있다. 혹독한 시련을 겪지 않고 기독교인이 된 사람들은 아무런 도움이 되지 않는다. 이것이 바로, 외국에 나갔다가 기독교인이 되어 돌아온 사람들이 삶에서 영향력이 부족한 이유를 설명해 준다. 일반적으로 그들은 도움이 되기보다 오히려 방해되는 경우가 많다.

왜 그런 것일까? 그들이 기독교인으로 살면서 감옥을 경험하지 않았기 때문이다. 그들의 신앙 여정은 마치 잔잔한 물 위를 미끄러지듯 쉬운 항해였다. 미국으로 가서 기독교인을 만났고, 기독교인들의 도움을 받았으며, 기독교인이 되었고, 기독교인으로서 함께 살면서 좋은 말만 들었다. 그 모든 과정이 그들에게는 너무도 쉬웠다. 마치 통나무가 물살을 따라 떠내려가는 것처럼 말이다.

그러나 고향으로 돌아오면 시련의 날이 찾아온다. 이제 그들 주변에는 더 이상 기독교인이 없고, 주변 사람들은 그들에 대해 나쁘게 말한다. 사회에서 냉대받으며, 결국 신앙을 지켜낼 투쟁력 없이 예전과 다름없는 삶으로 돌아가야 한다. 그러면 결국 루드야드 키플링(Rudyard Kipling)의 작품에 나오는 힌두교도처럼 다시 이교로 돌아가고 만다.

조선의 기독교인은 수많은 망치질과 용광로의 뜨거운 열기를 견디고 온종일 금속을 여러 차례 시험하는 과정을 거쳐야만 만들어진다. 감옥과 같은 장소는 미국이나 영국에서 누리는 기쁨과 환대보다 훨씬 더 훌륭한 기독교 학교임이 증명되었다.

하나님께서는 이 작은 한반도를 동양 전체를 위한 기도의 집으로 만드시려는 듯하다. 우리는 이미 조선의 국경을 넘어 복음의 메시지와 그 영향력이 서서히 확산되는 것을 보고 있다. 그 메시지는 중국이 아편 중독에서 깨어나 하나님을 보고, 그분의 부르심을 듣도록 돕는다. 그리고 중국이 깨어날 때, 세계는 정복될 것이다.

4장 연못골 교회와 도홍 이야기

연못골 교회 이야기

조선인은 복음 전도자로서의 강한 영적 본능을 지니고 있다. 그들은 복음 전도라는 이 한가지 일만 알고, 그것을 삶의 중심에 두고 실천한다. 선교사를 파송한 본국으로부터 단 한 푼의 지원도 받지 않고도 교회와 학교를 자력으로 꾸려 나간다. 이제는 스스로 책을 집필하고 출판하며 복음 전파에 힘쓰고 있다.

그들은 담배와 같은 불필요한 지출을 줄이고 복음을 전하기 위해 저축한다. 수입의 십분의 일, 혹은 그 이상을 하나님께 드리며, 때로는 생계를 유지할 최소한의 금액만 남기고 나머지 전부를 헌금하기도 한다. 예를 들어, 서울 연못골(연동, 蓮洞) 교회의 교인 350명은 총 3,850달러를 헌금했는데, 이는 교인 한 명당 10달러 이상을 드린 셈이다. 이 교회의 전체 수입은 본국의 평범한 도시 교회 수입의 십분의 일에도 미치지 못하지만, 그들의 헌신은 그 어떤 곳보다도 크다.

조선인들은 헌금뿐만 아니라 자신의 시간까지 주님의 일을 위해 기꺼이 바친다. 그들의 노력은 단순한 열정을 넘어 체계적이고 조직적이다. 집회에서는 개종하지 않은 이웃을 섬기기 위해 다음 해에 봉사할 시간을 서약하는 시간을 갖는다. 이 서약은 안식일에 드리는 봉사 외에 추가적인 헌신을 의미하며, 어떤 이들은 한 해 동안 몇 주간 전도하겠다고 다짐하기도 한다. 이렇게 계획된 전도 운동은 철저하게 조직되며, 때로는 해당 지역 전체를 체계적으로 복음화하기도 한다.

교회 건물을 세울 때도 조선인들은 아낌없이 자신의 시간을 바친다. 경제적으로 넉넉지 않은 이들은 기꺼이 노동력을 제공하며, 부유한 사람들조차 육체노동을 마다하지 않는다. 평소라면 양반이 해서는 안 된다고 여겨지는 톱질과 삽질까지도 기꺼이 감당한다. 이러한 헌신을 생각하면, 그들의 교회가 놀라운 부흥을 경험하는 것은 결코 놀라운 일이 아니다.

허물어진 장벽, 도홍 이야기

이 글을 쓰고 있자니 도홍(桃紅)이라 불리는 여인의 얼굴이 떠오른다. 그녀는 사고 팔리는 신분의 낮은 계층, 기생이었다. '회복'이라는 말은 그녀와는 거리가 멀었다. 도홍은 한때 바르게 살다가 무너진 사람이 아니었기에, 되돌아갈 과거조차 없었다. 그녀는 타락한 상태로 태어났고, 지금까지도 그렇게 살아왔다.

그런데 그런 도홍에게도 예수의 이야기가 전해졌다. 세상의 높은 담장을 넘어 들려온 그 이야기에 따르면, 예수는 순결하신 하나님처럼 순결하고 지혜로운 분이셨다. 사실, 하나님께서 하나님이신 것처럼 예수 또한 하나님이셨다. 그런데도 예수는 실족하고 타락한 여인들을 사랑하셨다. 도홍은 이전까지 그런 존재에 대해 들어본 적이 없었다. 그녀의 영혼은 병들어 있었지만, 마음 한편에는 궁금증이 일었다.

'그분을 만난다면, 그는 나 같은 사람에게 어떤 말을 건넬까? 그분이 정말 영혼의 질병을 치유할 수 있을까?'

도홍이 언제, 어디서, 어떻게 예수를 만났는지는 알 수 없다. 하지만 한 가지는 확실했다. 그녀는 그분을 만났다.

칠 년의 세월이 흘렀고, 내 삶 속에서도 '도홍'이라는 이름은 희미해졌다. 알아야 할 이름들이 너무 많았기에 나는 그녀를 잊고 있었다. 어느 주일, 약 이천 명이 모인 큰 예배당에서 예배를 마친 후였다. 사람들은 서로 다가와

"평안하십시오"라고 인사를 나누고 있었다. 그때 내 앞에 익숙하면서도 낯선 미소를 띤 얼굴이 나타났다.

"저를 기억하지 못하시겠어요? 칠 년 전, 저에게 세례를 주셨잖아요. 제 옛 이름은 도홍이에요."

내 앞에 서 있는 그 여인은 이제 과거의 '아무 가치도 없던' 사람이 아니었다. 그녀의 모습은 고귀했고, 마치 빛과 자유의 왕관을 쓴 듯했다. 지난 칠 년 동안 은혜 가운데 성장한 그녀는, 바울이 유럽을 지나며 복음을 전했던 것처럼 지칠 줄 모르는 발걸음으로 산을 넘고 수백 킬로를 걸으며 복음을 전했다. 칠 년 동안의 여정은 단순한 길이 아니라 승리의 순례였다. 그리고 그날, 그녀는 감사의 마음을 안고 주님 앞에 서 있었다.

도홍의 옆에는 이씨 부인이 앉아 있었다. 그녀는 조선의 한 명망 높은 인사의 부인이었지만, 한때 '내외'(內外)라는 엄격한 규범 속에 갇혀 살았다. 주위에 막을 치고 세상과 단절된 채 지냈으며, 거만하여 도홍과 같은 천한 사람은 쳐다보려 하지도 않았다. 그러나 오늘, 그들은 나란히 앉아 있었다.

이씨 부인은 도홍을 바라보며 말했다.

"당신은 성경을 참으로 많이 알고 있군요. 당신이 성경을 읽는 것을 듣고 싶어요. 당신은 정말 소중한 사람이에요."

예수는 '내외'라는 벽을 허물어 이씨 부인이 이 북적이는 예배당에 올 수 있도록 하셨다. 또한 그분은 도홍과 이씨 부인을 갈라놓았던 틈에 다리를 놓으셨다. 예수는 가련한 기생이었던 도홍을 부서진 '내외'의 틀에서, 그리고 그녀를 얽매고 있던 노예 상태에서 자유롭게 하셨다.

이처럼 여성의 세계가 충돌하고 분리의 담이 무너지는 이 같은 날, 우리에게는 새로운 길, 더 나은 길을 가르쳐 줄 복음이 더욱 필요하다.

5장 1907년 평양 대부흥성회

부흥에 대한 열망

1906년, 조선인 신자들은 외국인 선교사들과 함께 한마음으로 간절히 기도했다. 그들은 하늘에 계신 하나님께서 자비를 베푸사 조선을 내려다보시고 그들의 간절한 열망을 들어주시기를 바랐다. 배고픈 영혼들이 필요로 하는 것, 메마른 땅에서 영혼들이 갈망하는 것들을 채워 주시기를 간절히 구했다.

그들이 그토록 애타게 원했던 것은 무엇이었을까? 그들은 건강했고 평안했으며 안락한 가정도 있었다. 친구들도 있었고 이미 많은 복을 받은 증거도 분명했다. 위대한 교회도 세워졌다. 그런데도 왜 그들은 여전히 고통 속에서 갈망하고 있었을까?

그해 8월, 원산의 로버트 하디(Robert A. Hardie) 박사가 평양을 방문했다. 그는 하나님께서 자신의 영혼 안에서 행하신 은혜의 역사를 나누었고, 그의 간증은 그 어느 때보다도 깊고 강렬한 갈망을 불러일으켰다.

이창직은 다음과 같이 기록했다.

"그가 와서 우리를 크게 도와주었다…. 하나님의 성령께서 우리의 삶을 완전히 다스리시고 우리를 그분의 사역에 강력하게 사용하시기를 바라는 열망이 이 집회들을 통해 생겨났다."

지난 오천 년 동안 온갖 악한 소음들을 들어왔고 동아시아의 희망이 꺾이는 것을 보아 왔던 그 오래된 성벽들이, 이제는 매일 끊임없는 기도 소리를 듣고 있다.

하지만 그것은 마치 허공을 향한 기도처럼 보였다. 어떤 기적도 없었고 특별한 응답도 없었다. 모든 것이 여전히 그대로였다. 똑같은 태양이 떠올랐고, 똑같은 회색빛 대지와 갈색 언덕이 그들을 조롱했다. 하늘을 나는 새들조차 아무 일 없다는 듯 평온했다.

그렇다면 왜 기도해야 하는가? 포기하고 행복하게 살면 되지 않는가? 하나님께서 주신 좋은 은사들과 축복에 감사하고, 죄를 용서해 주심에 감사하며, 천국의 집을 약속하신 것에 만족하면 되지 않는가? 이성적으로 생각하라! 기도도 지나치면 결국 광신이 될 수도 있다.

그러나 바다의 파도나 밀물과 썰물을 이성적으로 설득

할 수는 없다. 보이지 않는 어떤 거대한 힘이 엄청난 바닷물을 들어 올리는데, 우리가 나약한 말로 그 흐름을 막아 보려 하는 것은 어리석은 일이다. 마찬가지로, 이 기도하는 영혼들을 논리로 설득하려는 것도 지혜롭지 못한 일일 것이다.

가을이 느리게 지나가고 어느덧 1906년이 끝자락에 다다랐다. 해가 바뀌어 1907년이 시작되었지만, 여전히 여러 그룹이 매일 모여 기도하고 있었다. 북쪽 땅 전역에서도 칠백 명이나 되는 사람들이 모여들었다.

그들은 왜 이곳에 왔을까? 물론 성경을 공부하기 위해서였다. 마태는 누구이며 요한은 누구인가? 바울 서신과 계시록에서 중심이 되는 사상은 무엇인가? 이 질문들에 대한 답을 찾기 위해, 그들은 먼길을 마다하지 않고 걸어왔다. 어떤 이들은 170km를 걸어왔고, 또 어떤 이들은 그보다 더 먼 곳에서 혹은 가까운 곳에서 걸어왔다. 사경회에 참석하는 동안 먹을 쌀을 등에 메고 온 이들도 있었다. 이는 평양에서 공부하는 이들에게 흔히 볼 수 있는 광경이었다. 그들은 찬송을 부르고 설교를 듣고 기뻐하며 즐거워했다. 그리고 집으로 돌아가 다른 이들에게 사경회에 있었던 일들을 전하곤 했다.

이제 그들은 한데 모였다. 저녁 집회가 시작되자 큰 예배당은 사람들로 가득 찼다. 그 수는 천오백 명에 달했다. 하지만 시골에서 온 이들은 앞으로 어떤 일이 벌어질지 꿈에도 알지 못했다. 만일 그들이 미래를 미리 보았다면 많은 이들이 등을 돌리고 도망쳤을 것이다. 두려움과 경악에 휩싸인 채, 목숨을 부지하려고 허둥지둥 자리를 떠났을지도 모른다.

위기, 그리고 평양 대부흥의 시작

며칠 동안 집회는 평소와 다름없이 계속되었다. 그리고 마침내, 모두가 커다란 소망과 기대 속에 기다리던 주일 밤이 찾아왔다. 그날 예배는 헨리 베어드(Henry M. Baird) 박사가 인도했다. 사람들은 그가 이끄는 예배를 통해 자신들이 간절히 바라던 것을 얻게 되리라 기대했다. 그러나 그날의 예배는 메마르고 아무런 감동도 없는 집회였다. 마치 사탄의 모든 세력이 그들 앞을 가로막고 있는 듯했다.

"죽은 예배였냐고요?"

길선주는 이렇게 말했다.

"아, 그보다 더 심했지요. 온 예배당이 그야말로 공허함으로 가득 찼어요. 어떤 사람들은 참회하려 했고 어떤 사람들은 기도하려 했지만, 아무 소용이 없었어요. 결국 예배는 흐지부지 끝나고, 모두 흩어져 집으로 돌아갔지요."

그러나 이날의 실패는 그들의 갈망을 더욱 강렬하게 불태웠다. 선교사들과 조선인 지도자들은 더욱 간절한 마음으로 다시 모여 기도했다. 그들에게는 무언가가 필요했다. 손에 잡을 수 있는 무엇인가, 어떤 대가를 치르더라도 반드시 얻어야 할 무엇인가가 필요했다. 지난 수개월 동안 쌓여온 갈망에 대한 응답이 반드시 나와야만 했다. 그들의 삶에서 이것 말고는 필요한 것이 없었다. 오직 이것, 단 하나 외에 다른 목표는 없었다.

그것은 하나님께서 주시는 것이며, 이제 때가 되었다. 그들은 기도를 멈출 수 없었다. 다른 모든 것은 다 잊고, 오직 기도해야 했다. 마음과 영혼과 정신을 다해 기도해야 했다. 왜냐하면, 그들이 원하는 것은 다른 무엇도 아닌 하나님 그분 자신이었고 그분 안에는 영원의 모든 것이 담겨 있기 때문이었다.

그날 밤, 1907년 1월 14일, 그들은 다시 모였다. 그것은 엄청난 집회였고 성령의 놀라운 임재가 곧 임할 듯한 순간이었다. 이창직 선생이 말했다.

"우리는 모두 무엇인가가 다가오고 있음을 느꼈습니다."

모두가 한목소리로 드리는 통성 기도가 회중을 감쌌고 모인 사람들 전체가 전율을 느꼈다.

"하나님의 성령이 내려오시는 것 같았습니다."

사람들은 한 명씩 차례로 일어나 죄를 고백했고, 무너져 통곡했다. 집회는 새벽 두 시까지 계속되었으며, 회개와 통곡, 그리고 기도가 끝없이 이어졌다.

이 놀라운 경험은 조선인뿐만 아니라 외국인들까지 포함한 공동체 전체를 강하게 사로잡았다. 이후 열린 정오 기도 모임에서는 새로운 희망이 다가오는 듯했지만, 동시에 두려움과 경외, 그리고 강력한 신비에 대한 놀라움이 그들을 뒤덮었다.

다음 날 밤 길선주가 설교자로 나섰다.

"그것은 처음부터 길선주의 얼굴이 아니었습니다."

정익로 장로가 내게 말했다.

길선주는 한때 완전히 실명했던 적이 있었고 아직도 시력이 좋지 않다. 하지만 그의 얼굴에는 큰 위엄과 강한 힘이 있었다. 순결함과 거룩함으로 불타는 얼굴이었다.

"그것은 길선주의 얼굴이 아니었습니다. 예수님의 얼굴이었습니다."

길선주는 세례 요한에 관해 이야기했다. 세례 요한이 어떻게 사람들에게 참회하고 죄를 고백하라고 외쳤는지 말했다. 그날의 집회에는 흔히 교회에서 경험하는 기쁨이 없었다. 대신, 죽음과 공포의 기이한 두려움이 자리했다. 마치 시내 산의 불꽃이 그들 위에 임한 듯했다.

"도망칠 길이 없었습니다."

정 장로가 말했다.

"하나님께서 우리를 부르고 계셨습니다. 이전에 경험해 보지 못한, 죄에 대한 무시무시한 두려움이 우리 위에 덮쳤지요. '어떻게 하면 그것을 떨쳐버리고 도망칠 수 있을까'가 문제였습니다. 어떤 이들은 밖으로 뛰쳐나갔습니다. 그러나 그들은 더 강렬한 고통 속에서 다시 돌아올 수밖에 없었습니다. 그들의 영혼에는 죽음이 깃들었고 얼굴에는 깊은 주름이 파였습니다. '오 하나님, 저는 어떻게 해야 합니까? 내가 저승에 자리를 마련할지라도 주께서 거기 계시며, 내가 아침 날개를 달고 날아갈지라도, 주께서 거기서도 나를 따라오십니다.'"

수백 명이 정죄의 두려운 먹구름 아래 모였다. 심판의 날이 다가왔다. 그들은 몸부림치며 피하려 했지만 도망칠 길은 없었다. 정말 아무 데도 없었다. 죽음뿐이었다. 그들은 반드시 죽어야 했다.

설교자의 목소리가 들려왔다. 위대하시고 두려우신 하나님의 임재 앞에서, 그들은 무엇을 해야 했겠는가? 그러나 죄를 고백할 수는 없었다. 자신의 은밀한 과거를 드러내는 것은 이루 다 말할 수 없는 수치였고, 그것은 사회적, 물질적으로 영원한 파멸을 의미했기 때문이었다.

"저는 끝났어요. 저는 잃어버린 자입니다."

그들은 이렇게 말하며 그 상태로 가만히 있으려 했다. 몇몇은 실제로 그렇게 해보았지만, 위안을 얻지 못했다. 오히려 영혼의 답답한 고통은 오히려 이전보다 훨씬 끔찍해졌다. 죄를 입으로 고백해야만, 마음의 고통을 영원히 없앨 수 있었다.

이 감화의 순간, 길선주는 세례자 요한과 같았다.

"죄를 고백하십시오."

'고백'은 길선주가 외쳐야 하는 말이었고, 그들이 반드시 행해야 하는 행동이었다. 그것은 생과 사의 갈림길에서 벌어지는 치열한 투쟁이었다. 모든 이들이 얍복강 나루에서 천사와 씨름하듯, 이 싸움을 피할 수 없었다. 그들의 마음속에는 끊임없이 죄를 고백하지 못하도록 하는 핑계들이 떠올랐다.

'만일 고백하면 듣는 사람들의 귀가 더러워질 거야.'

'내 가족을 망신시킬 거야.'

'나를 사회적으로 파멸시킬 거야.'

'교회가 상처를 입게 될 거야.'

'나는 죽어도 고백할 수 없어.'

그 현장에 있었던 방기창 목사가 그로부터 2년 후 내게 말했다.

"그것은 위대한 표적이자 경이로운 일이었습니다. 마치 예수님께서 바로 그곳에 계신 것 같았고, 도망갈 곳이 없었습니다. 저는 몇몇 사람들이 죄를 고백하려고 애쓰다가도 고통스러워하며 다시 물러서는 모습을 보았습니다. 반면, 어떤 이들은 오랫동안 영혼을 짓누르던 죄를 떨쳐버리기 위해 벌떡 일어났습니다. 그들의 고백이 현명한 선택처럼 보이지는 않았지만, 그렇게 하는 것 외에는 다른 방법이 없었습니다. 우리는 신비롭고도 두려운 능력 아래에 있었습니다. 그 힘 앞에서 선교사들도, 조선인들도 그 누구도 저항할 수 없었습니다."

기도의 물결이 그곳에 모인 수많은 사람을 휩쓸자, 모두가 즉시 그 흐름에 동참했다. 간절한 간구와 번민 어린 외침이 동시에 터져 나왔다. 그러다가 기도가 잠시 멈추면 이 사람 저 사람이 차례로 일어나 자비를 구하며 영혼 깊숙이 묻어둔 죄를 털어놓았다.

한 여인이 일어섰다. 청일 전쟁 때 그녀는 아이를 등에 업고 도망쳤다. 그러나 아이가 너무 무거워 도망칠 수 없게 되자, 그 아이를 나무에 던져 죽이고 달아났다. 그녀는 이미 회개했고 자신의 마음을 하나님께 드렸다. 그러나 그 끔찍한 기억은 여전히 그녀를 괴롭히고 있었다. 그 여인은 그 죄를 입 밖으로 고백해야만 했다.

또 어떤 사람은 육백 엔이 들어 있는 일본 지갑을 주웠다. 주인을 찾을 수 없었고 누구 것인지도 알 수 없었기에, 그는 결국 그 돈을 모두 써버렸다. 그러나 그 행위는 이제 불교의 악귀들처럼 그의 영혼을 옥죄었다. 그는 결국 그 죄를 입 밖으로 고백했고, 그 순간 회복이 이루어졌다. 그곳에 모인 이들은 놀라운 눈빛으로 그의 이야기에 귀를 기울였다.

또 다른 사람은 수년 전 바라바처럼 강도로 살아왔다. 과거의 모든 어두움이 그를 짓눌렀고, 그는 마치 영혼이 갈기갈기 찢어지는 듯한 고통 속에서 모든 것을 쏟아내며 고백했다. 그리고 그는 즉시 경찰에 자수했고, 곧 수감되었다.

그 집회에 내 절친한 친구이자 장로교회의 장로가 있었다. 그는 이렇게 말했다.

"그 집회의 엄숙함은 말로 표현할 수 없었습니다. 그것은 두려운 것이었지만 동시에 의롭고 진실하며 거룩하다는 사실에 모든 이들이 감명을 받았습니다."

그는 몇 해 전에 빚을 갚고 변제 증서를 받았지만, 사실은 모든 조건을 성실히 이행하지 않았다. 이해관계자 중 한 명이 사망하자 그 기회를 이용해 자기에게 유리하게 채무를 정리했던 것이다. 그는 말했다.

"그 일이 돌풍처럼 저를 엄습했고, 그 행위로 인해 영원을 잃어버릴 것 같은 공포를 경험했습니다. 도망칠 길이 없었지요. 그래서 저는 부끄러웠지만, 눈물과 참회로 자리에서 일어나 이 사실을 고백하고, 변상하기로 결심했습니다. 그러자 이전에는 전혀 느끼지 못했던, 이상하고도 달콤하며 말로 형용할 수 없는 평화가 나를 사로잡는 것처럼 느껴졌습니다."

또 한 친구도 그 자리에 있었다. 내가 오래전부터 알던 사람이었다. 그는 기독교인이 된 후에도 죄에 빠졌지만, 그 죄를 덮어두고 숨겨왔다. 아무도 그 사실을 알지 못했다.

그러나 그는 자신이 저지른 나쁜 행동 때문에 자신을 혐오했다. 다른 이들에게 자신은 불쌍한 죄인이라고 말하며 고통스러워했다. 그는 여러 번 집회에 참석했지만, 그의 얼굴은 어두워졌고 마치 죽은 사람 같았다. 그리고 그가 보고 있는 광경이 간담을 서늘하게 만들었다. 결국, 그는 선택해야 했다.

'고백하거나 죽거나!'

그는 초인적인 노력으로 강단 위로 올라갔다. 수백 명의 사람 앞에 선 그는 떨리는 목소리로 외쳤다.

"이전에 저 같은 죄인이 있었을까요? 나의 하나님! 나의 하나님! 저의 영혼에 자비를 베풀어 주시옵소서!"

한참 동안 그는 마치 죽을 것처럼 보였다. 그는 손이 터져 피가 날 때까지 딱딱한 마룻바닥을 두드렸다. 비명을 지르며 자비를 구했다.

이에 놀란 군중은 수군거렸다.

"그가 도대체 무슨 죄를 지었기에 저렇게까지 하는가?"

그리고 그들은 속삭였다.

"우리는 죄가 이렇게 무시무시한 것인지 몰랐네. 우리는 죄를 사소한 것으로 여겼지만, 보게. 하나님께서 생각하시는 죄는 이런 것이네."

이 친구 역시 불같은 심판을 겪고 나서 깨끗해지고 순결해졌다. 그날, 교회 전체가 셋째 하늘에 들려 올려진 듯했다. 그들은 말로 표현할 수 없는 신비로운 음성을 들었다(고후 12:2-4).

선교사들도 마찬가지였다. 그들은 그 능력에 사로잡혀, 가장 높으신 분께 삶을 다시 헌신했다. 그 자리에 없었던 외부인들은 결코 이해할 수 없는 일이었다.

특히 인상적이었던 장면은 길선주가 죄의 줄에 묶여 있는 모습이었다. 그것은 죄의 속박과 힘을 상징했다. 그는 몸부림치며 죄의 줄을 끊어내려 했지만, 죄의 사슬은 여전히 그를 붙잡고 있었다. 그러나 마침내, 마침내, 극심한 고통 가운데서 죄의 세력은 패배했다. 그 순간, 그는 자유롭게 달려나갔다!

"할렐루야! 저는 자유입니다!"

이것이 그 예배의 메시지였다.

그날 이후, 사람들이 죄를 고백할 때마다 기쁨이 뒤따랐다.

큰 기쁨, 말할 수 없는 기쁨.

그 기쁨을 가진 자조차도 설명할 수 없는 기쁨.

아무도 꿈꾸지 못한 기쁨.

그것은 하늘이 내려준 기쁨이었다.

새로운 평양

평양이라는 도시는 한때 조선에서 가장 희망이 없는 도시로 여겨졌다. 평양은 언제나 사악한 새들이 갇혀 있는 새장과 같았다. 심지어 귀신을 섬기고 우상을 숭배하는 조선인들조차도, 이곳을 가장 악한 곳 중의 하나로 여겼다.

그러나 이제, 그 거리는 기도하는 소리, 우는 소리, 찬양하는 소리로 가득했다. 이 세상은 조상들이 한 번도 들어본 적 없는 종교에 미쳐 버렸다. 평양의 가장 높은 곳에서 종소리가 울려 퍼지고, 그 종에는 이런 문구가 새겨져 있다.

"예수께서 오실 때까지 울려라."

그 종은 이 시대를 향한 하나님의 사명을 외치고 있었다.

회개하라.

하나님과 바른 관계를 맺으라.

회복되어 올바르게 살아라.

중등학교 학생들, 곧 오늘날의 젊은이들은 여러 해 동안 서구 학문을 배우며 정치사상에 심취해 있었다. 그들은 조국을 위해서라면 무엇이든 희생할 준비가 되어 있던 이들이었다. 하지만 이들도 이 신비 앞에서는 입을 다물 수밖에 없었다. 그들의 집회를 인도했던 김찬성 장로는 나에게 이렇게 말했다.

"그들이 모였을 때, 그곳은 마치 아무도 없는 듯 정적만 감돌았습니다. 그러나 예수의 이름을 언급하는 순간, 그 장소 전체가 죄를 깨우치고 회개하게 하시는 성령으로 인해 전율했습니다."

아무도 그것이 무엇인지 제대로 설명할 수 없었다. 그것은 마치 베일에 싸인 채 감추어진 신비와도 같았다. 그러나 모든 것이 드러나고 결산하는 그날, 위대한 날, 곧 심판의 날에 밝혀질 것이다.

6장 2천만 조선인이라고?

조선은 열세 개의 도(道)로 나뉘어 있다. 13은 불길한 숫자다. 조선이 13도로 나뉜 것은 약 10년 전인데, 그 이후로 불행한 일들이 연달아 일어났다.

그러나 13이라는 숫자는 예수님과 그의 제자들과도 연관이 있다. 13은 한동안 패배와 파멸을 의미하는 것처럼 보였을지 모르지만, 마지막 위대한 시기에는 승리를 상징하는 숫자로 나타날 것이다. 우리는 조선이 이 승리의 숫자에 영원히 참여하게 될 것이라고 확신한다.

탁지부(度支部)는 대한제국 시기(1897-1910년)에 재정 업무를 담당하던 중앙 행정 기관이다. 이 기관은 작년에 경찰 보고서와 조사를 바탕으로 인구, 주택 수 등에 관한 통계를 발표했다. 이 통계에 따르면, 경기도의 인구는 86만 9천 명이며, 그중 절반이 한성과 그 주변에 거주하고 있다.

조선에서 인구 밀도가 가장 높은 지역은 경상남도로, 인구는 127만 214명에 이른다. 미국 메릴랜드주의 인구와 거의 비슷한 숫자다. 그러나 이 통계에 기록된 인구수를 모두 합쳐도 조선의 전체 인구는 1천만 명이 채 되지 않는다. 1907년 『일본연감』은 이 수치가 너무 적다고 보고, 실제 인구는 거의 1,400만 명에 가까우리라 추정했다.

종교는 수를 세거나 계산할 때 정확해야 한다. 하지만 동양 사람들에게 수를 정확하게 사용하도록 가르치려면 한두 세대는 걸릴 것이다. 예를 들어, '천만'(千萬)이라는 단어는 '천의 만 배'라는 의미를 지니고 있지만, 흔히 과장된 표현으로 쓰인다. 동양인에게는 8백 명이 모이면 수천 명이 모인 것이며, 열다섯도 '수십'으로 표현한다.

나의 오랜 친구 김 선생은 이렇게 기도하곤 한다.

"하나님, 우리 2천만 동포에게 복을 주시옵소서."

"그러나 김 형제님, 실제로는 2천만이라고 생각하지 않습니다. 1천5백만도 과장된 추정치일 겁니다. 심지어 공식 인구 통계에는 훨씬 더 적은 숫자로 나와 있어요."

김선생은 이렇게 대꾸했다.

"인구 통계라고요? 이거 참, 우리가 우리 동포의 수도 모를까요! '이천만 동포'입니다. 모두가 그렇게 말해요."

7장 한글에 담긴 하나님의 섭리

세 가지 형태의 문자

우리는 조선의 글과 말 속에도 하나님의 섭리가 깃들어 있다고 생각한다. 작은 나라인 조선에는 단 하나의 언어만 존재한다. 그래서 북쪽 지방 사람이 제주도 사람에게 "안녕하시오"라고 인사하면, 제주도 사람도 이를 이해하고 "평안하시오"라고 대답한다. 그들의 귀는 같은 소리를 들을 줄 알지만, 사투리에 따라 약간의 차이가 있다. 이는 마치 스코틀랜드인과 아일랜드인이 서로의 말을 완벽히 이해하면서도, 각자 자기 말이 '정통 영어'라고 주장하는 것과 같다.

반면 조선의 문자 체계는 세 가지나 된다. 순 한문, 순 국문(언문) 그리고 국한문 혼용문을 사용한다.

일본도 언어 문제에 있어서 어느 정도 조선과 비슷한 처지에 있지만, 완전히 자유롭지는 못하다. 불쌍한 중국은 책 속의 내용을 평범한 사람들이 이해할 수 있도록 전달할 방법을 찾기 위해 애쓰고 있지만, 상황은 희망적이지 않다. 중국인들은 한자를 배우고 쓰려고 부단히 노력하지만, 그 과정은 매우 어렵고 복잡하다. 한자 교육을 하는 선생이 학생들에게 표의문자를 설명하며 이렇게 말한다.

"잘 들어라. '마음'(心, 忄)이 왼쪽에 있고 '피'(血)가 오른쪽에 있으면 이 글자는 '가엾게 여기다'(衄)를 의미한다. 그러나 '마음'(忄)이 한쪽에 있고 다른 쪽에 '별'(星)이 있으면, 그것은 '깨어나다'(惺)는 뜻이다. '손'(手, 扌)이 한쪽에 있고 다른 한쪽에 '발'(足)이 있으면, 그것은 '잡다'(捉)를 의미한다. '물'(水, 氵)이 한쪽에 있고 다른 쪽에 '서다'(立)가 있으면, 그것은 '울다'(泣)라는 뜻이다. 두 개의 '말'(言) 사이에 '양'(羊)이 서 있으면, 그것은 '착하다'(譱: 善의 옛 글자)를 뜻한다. '풀'(草, 艹)이 위에 있고 '이름'(名)이 아래에 있으면, 그것은 '차'(茗)를 뜻한다."

이런 식으로 머리가 어질어질해질 때까지 익혀야, 이천 자가 넘는 한자를 배울 수 있다. 그러고 나면, 띄어쓰기 없이 길게 이어진 글자들의 열을 따라 읽어야 한다.

"왜냐하면-아버지-일-행하다-하나-아들-또한-행하다-아버지-사랑-아들-그래서-이미-모든 것-행하다-하나-만들다-알다."

이것은 중국, 조선, 일본이 한자를 통해 생각을 표현하는 과정이 얼마나 어려운지를 잘 보여준다. 얼마나 복잡하고 막연한 방식인가. 그러나 조선어로 쓰면 얼마나 간단한가!

"아버지께서 그 일을 행하셨기 때문에 아들도 그와 같이 행한다. 아버지께서 아들을 사랑하사, 그가 행하시는 모든 것을 아들에게 보이셨다."

조선의 고유 문자는 확실히 이 세상에서 가장 단순한 문자 체계다. 서기 1443년에 창제되어 먼지 자욱한 세월을 지나며 조용히 전해져 내려왔다. 그러나 이 문자가 그 오랜 세월 동안 무엇을 기다려 왔는지, 그 누가 알았겠는가? 이 문자는 거의 사용되지 않았고, 너무 쉬워서 사람들에게 경멸받았다. 여인들조차 한 달 남짓이면 배울 수 있는 글자였기 때문이다.

사람들은 이렇게 생각했다.

"이렇게 값싼 문자가 무슨 쓸모가 있을까?"

그러나 하나님의 신비한 섭리로, 이 문자는 준비된 채 보존되며 신약성서와 다양한 기독교 문학 작품들을 기다려 왔다. 지금까지 성경과 기독교 서적들은 이처럼 놀랍도록 단순한 언어인 한글을 독점적으로 사용해 번역·출판되었다. 아마도 이것이야말로 모든 것 중에서도 가장 놀라운 섭리일 것이다. 이 언어는 400년 동안 긴 잠을 자면서, 때가 되면 깨어나 그리스도께서 행하신 놀라운 일들을 전할 그 순간을 기다려 왔다.

조선인들은 이 문자를 '언문'(諺文), 즉 '천한 언어'라고 불렀다. 중국의 자랑스러운 상형문자인 한자와 비교하면 한글은 너무나 단순하고 배우기 쉬웠기 때문이다. 그러나 하나님은 삶에서 비천한 것들을 사랑하시며, 아무것도 아닌 것들을 택하시어 기존의 것들을 무너뜨리신다. 이제 순한글로 된 신약성서가 여인들의 허리띠에 매여 있고, 바삐 산을 넘는 사람들의 짐꾸러미 속에도, 작은 집의 벽장 속에도 한글 성경이 있다. 마루의 선반 위에 놓인 이 '언문' 책들은 능히 우리를 구원하시는 예수에 관해 이야기하고 있다.

세 번째 문자 체계로는 국한문 혼용어가 있다. 이는 한자와 순수 언문을 섞어 사용하는 방식으로, 한문을 읽을 줄 아는 사람들과 교육을 상당히 받은 이들이 사용하고 있다. 조선인들은 글을 읽을 때, 4분의 3은 눈으로, 4분의 1은 귀로 이해한다고 할 수 있다. 그들은 문장을 눈으로 보기 전에는 그 뜻을 확실히 이해하지 못한다.

"가만히 앉아 있으시오. 내가 그것을 당신에게 읽어 주겠소. 한 글자씩 또박또박 읽어 주고, 글자의 뜻도 말해 주겠소."

당신이 이렇게 말해도, 조선인들은 당신이 말하는 대로 따라 읽기는 하겠지만, 직접 그 문장을 보고 나서야 그 뜻을 확실히 이해한다. 그들이 문장을 눈으로 확인하면, "오, 이제야 이해하겠네"라고 말할 것이다.

조선인이 한자를 큰 소리로 읽는 것은 듣는 이들을 위한 것도 아니고, 자기 귀로 듣기 위해서도 아니다. 그가 소리를 반복하는 것은 눈으로 더욱 분명하게 글을 보기 위해서다. 눈의 위치, 그리고 청각보다 시각을 상대적으로 더 중요하게 여기는 현상은 동양을 연구하는 이들에게 매우 흥미로운 주제가 될 것이다.

방대한 독자층

결과적으로 조선에는 글을 읽을 수 있는 사람이 매우 많다. 중국이나 인도에서는 아마도 천 명 가운데 한 명꼴로 글을 읽을 수 있지만, 조선에서는 거의 모든 사람이 글을 읽을 줄 안다. 전혀 교육을 받지 못한 사람이라도 한 달 남짓이면 기본적인 문자를 '깨우치고' 성경을 읽을 수 있다. 이처럼 보수적인 관념과 낡은 방식 속에 살아가는 이 땅에서, 신약성서 낱권과 전권이 수백만 부 팔려나갔다는 것은 기적이자 표적이 아니겠는가?

하나님의 또 다른 섭리는 수많은 변화를 겪어온 조선에서 문인 계층이 여전히 유지되고 있다는 점이다. 조선인들은 상업적이거나 군사적인 성향보다는 문학적 기질을 가진 민족이다. 그들은 책의 가치를 높이 평가하고 모든 종류의 책을 기쁘게 환영한다. 또한 고상한 가르침을 존경하기에, 복음을 의와 평화와 기쁨을 지닌 왕자로 대접한다.

그렇다면 선교사를 위한 특별한 명예의 자리가 옛날부터 준비되어 그의 도착을 기다리고 있었던 것이나 다름없다. 선교사는 책을 가지고 온 사람이지, 토지나 주택, 또는 금전 거래를 위해서 온 사람이 아니다. 그는 문학에서 영적 거장이며 교사이고 안내자며, 보통 사람을 위한 본보기이다. 만약 선교사가 조선 사람들이 준비해서 그에게 준 이 고귀한 자리를 차지하는 데 실패한다면, 그것은 너무나도 안타까운 일일 것이다. 그 실망과 아쉬움은 아무리 표현해도 부족할 것이다.

8장 선교 중심지가 되기 시작한 조선

은자의 나라 조선

세 강대국이 조선과 바로 이웃하고 있다. 그러나 쇄국의 장벽이 굳건히 버티고 있었기에, 1880년대까지도 조선에 서는 외국의 나라 이름조차 거의 알려지지 않았다. 1889 년에 황해도의 한 지방관을 만난 적이 있다. 대화를 나누던 중에, 그가 미국이나 영국이라는 나라 이름조차 알지 못하며 서방 세계를 모두 '양국'(洋國)이라는 하나의 나라로 생각하고 있다는 사실을 알게 되었다. 그에게 중국은 '대국'(大國), 즉 '위대한 나라'였고, 일본은 '왜국'(倭國), 즉 '경멸 스러운 난쟁이의 땅'이었다.

그는 여전히 세상이 평평하다고 믿고 있었다. 그에게 세상의 중심에는 중국이 있었고 그 동쪽에 조선이 자리하고 있었다. 그는 너무 멀리 나아가면 결국 아무것도 없는 곳으로 떨어질 것이라고 생각했다. 그의 세계관에서, 조선 바깥의 다른 모든 종족은 '야만인, 즉 오랑캐'였으며, 조선은 그 누구와도 대화하기를 원치 않았다.

동양의 다른 나라들은 외부로부터 다양한 영향을 받았지만, 조선은 마치 강력한 총독의 명령에 따라 단단히 봉쇄된 나라처럼 굳게 문을 닫아 왔다. 중국 사신이 황제의 서신을 가져올 때면, 그의 하인들과 수행원들이 긴 행렬을 이루고 그 뒤를 말과 낙타들이 따랐다. 그 광경을 보면 마치 조선이 이 침입자들에게 영원히 점령당할 것 같은 느낌이 들기도 한다. 그러나 사실은 그렇지 않았다. 왜냐하면 특사가 돌아갈 때, 그의 수행원들도 한 명도 남김없이 같이 보내버렸기 때문이다.

조선은 이렇게 말했다.

"평안히 가십시오. 그러나 반드시 가십시오."

이것이 그들과의 작별 인사였다.

산속 작은 오두막에 은둔하는 '군자'는 냇가에 앉아 낚싯대를 드리우고 있지만, 정작 물고기를 잡지는 않는다. 그는 3천 년 전의 오래된 꿈을 끝없이 꾸고 있는 사람이다. 이러한 모습이 바로 옛 조선이 이상적으로 여긴 은둔자, 즉 '은사'(隱士)의 모습이었다.

새로운 시대

갑자기 어디선가 "대문을 활짝 열라"는 명령이 떨어졌다. 그리고 선교사가 들어왔다. 그때까지 굳게 닫혀 있던 문은 선교사가 준비를 마치자 마침내 열렸다. 그날 이후로 선교사는 서양을 대표하는 존재가 되었다. 그는 상인도 아니었고 관리도 아니었다. 바로 선교사, 곧 목사(牧師)가 조선 전역을 누비기 시작했다. 그는 먼 북부 지방에서 남부까지, 서울에서 부산, 또는 의주까지 쭉 걸으며 복음을 전했다. 조선의 백성들은 놀라워하며 그들을 바라보았다.

만약 거대한 전쟁으로 인해 조선이 세계의 주목을 받지 않았다면, 이 나라는 여전히 은둔국으로 남아 있었을지도 모른다. 그러나 근대의 가장 강력한 군대들이 조선을 가로질러 행군했고, 스페인의 무적함대를 무색하게 할 거대한 군함들이 조선 해안을 항해했다. 역사상 가장 거대한 해전이 조선 해안 가까이에서 벌어졌다. 하나님은 이제 막 발견된 '은자의 나라'가 세상의 이목을 받도록 밀어내고 계셨다.

전쟁은 조선 북쪽 국경인 압록강에서 시작되었다. 구로키 다메모토(黑木爲楨)와 러시아군 사이에 벌어진 전투가 전쟁의 서막을 열었다. 그리고 조선의 남쪽 항구 마산포에서 출격한 함대가 전쟁을 마무리했다. 이 전쟁에는 조선의 국경뿐만 아니라, 나라의 운명과 미래까지 걸려 있었다.

조선은 단순히 신문 기자, 종군 기자, 정치 기고가들에 떠밀려 세계 앞에 나온 것만이 아니다. 하나님의 '보이지 않는 손'이 조선을 세계에서 가장 새롭고 대단한 교통망인 철도망과 연결하셨다. 이제 조선은 잊힌 어느 한 귀퉁이가 아니라, 지구를 둘러싸고 있는 강철 고리라는 철도망의 한 부분이 되었다.

한때 아무도 찾지 않던 도시, 한성. 그러나 이제는 전 세계에서 방문객들이 찾아오고 있다. 일요일마다 일본, 미국, 중국, 인도, 유럽, 호주에서 온 방문객들이 예배당의 강단에서 회중들을 내려다본다. 조선은 일본처럼 현대적이지도 않고, 중국보다도 더 구식이다. 그러나 이제, 서양이 바로 옆에서 이를 지켜보고 있다. 하나님은 조선을 극동 전체를 위한 선교 사역의 홍보관으로 사용하고 계신다. 방문객들의 행렬은 끊이지 않고 그 범위와 규모는 점점 더 커지고 있다.

방문객들은 감탄하며 말한다.

"수백 명의 사람이 예배하기 위해 여기에 모였다는 것이 얼마나 놀라운 일인가요!"

"그들은 뭐라고 이야기합니까?"

"그분은 여러분을 자유롭게 하실 것입니다. 자아로부

터, 슬픔으로부터, 죄악으로부터, 그리고 질병과 죽음으로부터 자유롭게 해주실 것입니다."

그들 모두가 함께 "할렐루야!"를 찬양한다.

이 광경을 지켜본 방문객들은 놀라움을 감추지 못하며, 각국으로 돌아가 극동에서 일어나고 있는 각성에 관해 이야기한다. 이제 분명해졌다. 조선이 동반구 전체를 위한 중심축으로 사용되고 있음이 말이다.

조선이 선교의 발전을 위해 특별한 역할을 한다는 것은 매우 적절한 일이다. 왜냐하면 조선은 인접 국가들과 비교해 영토도 작고 인구도 적기 때문이다. 조선의 면적은 20만제곱킬로미터에 불과하다. 반면, 중국의 산둥성은 면적이 14만제곱킬로미터이며, 인구는 36,247,000명으로 조선의 반 정도 되는 면적에 인구는 세 배나 많다.

오늘날 조선을 향한 세계의 관심은, 분명 특별한 섭리로 보인다. 솔직히 말해 조선은 땅의 크기와 인구에 비해 지나치게 많은 관심을 받고 있다. 조선은 그저 작은 옛 민족의 유산처럼 보일 뿐이다. 거대한 인구를 지닌 중국, 끝없이 밀려오는 먼지투성이 러시아 무리들, 그림처럼 아름다운 모습으로 자신을 선전하는 일본. 이 강대국들과 비교하면 조선은 더욱 작아 보인다. 그러나 분명한 것은, 나중 된 자가 먼저 된다는 것이다.

이 조선인들에게는 '자치'나 '국방'이라는 개념조차 없다. 그들은 수 세기 동안 전제군주의 통치 아래 살아왔고, 자신들을 보호하는 이가 누구인지도 몰랐다. 그러나 이제 그들에게는 왕도 없고 보호자도 없다는 냉혹한 현실을 깨닫게 되었다. 이것은 예수를 우리의 구원자로 알기 전에 반드시 직면해야 할 끔찍한 진실 중 하나가 아닌가?

지난 12년 동안 조선은 놀라운 변화와 격변을 겪어왔다. 그리고 우리는 결론을 내릴 수밖에 없다. 이 모든 것은 사람의 손으로 이루어진 것이 아니며, 내각이나 정부가 관여한 것도 아니다. 오직 하나님께서 이 작은 민족, 오랫동안 잊힌 사람들을 이끌어 내셨다. 그리하여 그들이 "우리에게는 왕도 보호자도 없다"는 깨달음을 얻게 하셨다. 그리고 하나님께서 짙은 슬픔의 구름 속에서 이렇게 응답하신다.

"나의 아들을 보라. 그는 너의 왕이며 너의 보호자이다."

기독교적 경험의 세계에서 곤경이 일어나는 곳, 즉 격동하는 갈릴리의 바다, 감옥, 순례 중인 기독교인을 기다리는 사자의 굴. 조선인들은 이러한 상황들에 강렬한 호기심을 갖는다. 그들은 고난받는 이들을 연구하고, 철문 뒤에 갇혀 경비병의 감시를 받는 베드로, 착고에 발이 묶인 바울과 실라, 밧모섬에 유배된 요한을 떠올린다. 그리고 조선인들은 이들이 단순한 로마의 죄수가 아니라, 세상의 통치자들이라고 믿는다. 그들은 이렇게 말한다.

"내가 여기 있지만, 아무도 내가 겪는 곤경을 알지 못합니다. 나의 조국은 난파되었고, 우리는 모두 감옥에 갇혀 있습니다."

한 아들이 정치적인 혐의로 감옥에 갇혀 아버지에게 편지를 보냈다.

"아버지, 저는 감옥에 있습니다."

그러자 아버지는 이렇게 답했다.

"나의 아들아, 인내해라. 우리는 모두 감옥에 있다."

'호랑이 굴에서'라는 표현은 소설가나 정치 연설가들에게 매우 유용한 주제다. 그러나 기독교인은 더 멀리 있는 새로운 시대를 바라보며, 분명한 비전을 가진 채 노래한다.

"나의 영혼아, 일어나라. 너의 공포를 떨쳐 버려라."

하나님의 복음에는 시련이 따라온다. 이 말은 모순처럼 보일 수 있지만, 우리의 깊은 신앙 경험을 통해 보면 분명한 진리이다. 복음과 시련은 조선에서 만나 손을 맞잡고 모든 곳으로 퍼져 나갔다. 궁궐로, 방앗간 뒤 작은 오두막으로, 학교 교실로, 잃어버린 자들의 삶으로, 심지어 노예들의 굴로 퍼져 나갔다.

그러나 시련은 마침내 자유와 기쁨의 땅을 향한 아름다운 다리가 될 것이다. 유대인들의 최대의 적이었던 시저가 통치하던 시대에 구세주께서 유대인들을 찾아오셨던 것처럼, 오늘, 외세의 압제 속에서 보편적인 복음으로의 초대가 온 세상으로 퍼지고 있다.

9장 한국인의 종교

조선이라는 나라는 기묘하게도 종교가 없는 것처럼 보인다. 수도 한성에는 일반 주택보다 더 높이 솟은 커다란 사원도 없다. 눈에 띄는 성직자도 없고, 대중이 모여 기도하는 모습도 보이지 않는다. 경건한 신자들도, 종교적인 고행자들도 없다. 거리를 배회하는 신성한 동물도 없으며, 종교용품을 판매하는 가게도 보이지 않는다. 종, 예식서, 초와 같은 물건들, 향을 피워 놓은 그림들, 엎드려 예배하는 모습도 찾아볼 수 없다. 사실상 일반적인 종교의 흔적이 거의 보이지 않는다.

그러나 만약 종교가 인간 내면의 영이 자신을 초월한 영적 존재를 향해 손을 뻗는 것이라면, 조선인들 역시 종교적이라 할 수 있다. 그들에게도 경전이 있고, 무릎을 꿇고 기도하며, 신과 영혼, 그리고 천국에 관해 이야기한다.

널리 퍼진 미신

조선은 이상한 종교를 가지고 있다. 조상숭배가 불교, 도교, 영혼 숭배, 점(占), 마술, 풍수지리, 점성술, 물신(物神) 숭배 등과 뒤섞여 있다. 용(龍)은 중요한 역할을 담당하며, 귀신과 자연신들은 곳곳에 가득하다. 도깨비들은 떼를 지어 몰려다니며 온갖 못된 장난과 나쁜 짓을 한다.

죽은 영혼들은 밤낮으로 배회하고, 언덕과 나무, 강에도 각각의 인격이 깃들어 있다. 질병에도, 땅속에도, 공중에도 인간의 필요를 관장하는 어떤 존재들이 있다. 그러나 그들 대부분은 성향이 매우 악하여 사람들에게 재앙과 두려움을 가져다준다. 그들은 쉽게 화를 내고, 변덕이 심하며, 비위를 맞추기도 어렵다. 결국 조선의 영적 세계는, 지옥의 세력들의 손에 인간을 내버려 두는 것과 다를 바가 없다.

말벌과 싸우기가 어렵다는 것을, 여호수아 시대의 아모리 족 왕들은 알고 있었다(수 24:12). 그러나 숙련된 손이라면 말벌을 때려잡을 수도 있다. 그러나 누가 영들과 망령들, 유령들과 싸워 이길 수 있겠는가? 그들은 눈에 보이지도 않고 머리도 튀어나와 있지 않으며 그 어떤 신체 부속물도 없다. 그러니, 인간은 무엇으로 그들을 대적할 수 있겠는가?

불교와 그 영향

조선인들은 때때로 부처를 의지한다. 불교는 서기 372년에 이 땅에 전래 되었고, 그 오랜 역사는 온갖 종류의 부패와 비행으로 얼룩졌다. 절들은 조용한 언덕의 그늘이나 경치 좋은 외딴곳에 자리 잡고 있다. 사찰들은 사악한 세속과 동떨어져 있으며, 명상과 휴식을 위한 고요한 땅에 고립되어 있다. 그래서 사람들은 그곳을 신성한 존재가 거하는 곳이라 생각할 수도 있다. 그러나 사실은 그렇지 않다.

불교 신자들에게 "나무아미타불"이라는 문구는 신조의 핵심이다. 그들이 준수하는 주요 원칙은 독신, 채식, 살생 금지 같은 것들이다.

그들은 상투를 틀어 올리는 나라에 살면서도 삭발을 유지하려 항상 신경쓴다. 또한 인사법과 말투에서도, 그들이 '속인'(俗人)이라 부르는 보통 사람들과 차이를 둔다.

1392년 고려 왕조가 몰락한 것도 타락한 불교의 영향 때문이라고 추정된다. 그 이후로 조정은 불교를 추방된 종교로 멸시해 왔다. 500년 동안 어떤 불교 승려도 성안으로 들어올 수 없었으며, 심지어 오늘날에도 유생들은 불교도들을 만나면 어디서든 가장 저속하고 모욕적인 언사를 사용한다. 그러나 곤경에 처했을 때, 즉 가문을 계승할 아들이 없거나 궁이 염려와 근심에 시달릴 때, 그들은 부처를 찾아가 승려에게 불공을 드려 달라고 요청한다.

이 기도의 시기가 다가오면, 나는 여러 번 밤잠을 이루지 못했다.

"오 차리추리 천제 사바하 옴마니 반메훔 옴마니 반메훔."

승려들은 자신이 외우는 주문의 의미조차 알지 못한다. 그 소리는 상서롭고 행운을 가져다준다고 전해 내려온 것일 뿐이다. 마치 병 속에 갇혀 있던 액체가 한 번 흐르기 시작하면 멈추지 않듯, 승려들은 일단 주문을 외우기 시작하면 놀라운 속도로 이를 끝없이 반복하는 듯하다.

그렇다면 조선의 불교에서 칭찬할 만한 점이 있는가? 아마도 석가모니가 다정하고 자비롭게 가르쳤다는 점일 것이다. 어떤 고승 중에는 온화한 이도 있고 마치 꿈을 꾸는 듯한 신비가도 있다. 그는 사람들이 영혼에서 모든 단단한 것과 딱딱한 것을 뽑아내고 부드러워지도록 영감을 주는 존재이다.

그러나 결국 불교는 황금빛 불상, 인간을 기다리고 있는 열 개의 지옥에 대한 끔찍한 가르침, 이해할 수 없는 제의, 그리고 비도덕적인 승려들로 인해, 인간의 영혼을 위한 하나의 초라한 문만을 제공할 뿐이다.

도교

조선에서 도교의 흔적은 거의 찾아볼 수 없다. 몇몇 추종자들만이 옛 성현들의 글을 읽으며 그 가르침을 따를 뿐이다.

"걸어갈 수 있는 길은 영원한 길이 아니며, 이름 지을 수 있는 이름은 영원한 이름이 아니다."

어떤 이들은 이 종파의 정신 속에서 신을 발견하고, 신과 접촉하기 위해 긴 밤을 새우며 기도한다. 우리의 사랑하는 형제, 길선주도 한때 도교에 몸담았었다.

이 종교의 현인 중 하나인 장자(莊子)는 이렇게 말했다.

"가장 으뜸이 되는 사람은 자신의 몸을 의식하지 않는다. 영적인 사람은 장점을 의식하지 않는다. 성인은 자신의 이름을 대수롭지 않게 여긴다."

그의 문집 중 하나에는 다음과 같은 시가 실려 있다. 이 글은 위대한 사람의 위대함과 그를 바라보는 평범한 사람들의 평범함을 비교하여 묘사하고 있다.

북해에 물고기가 한 마리 있는데
그 이름은 곤(鯤)이라고 한다.
그 크기는 족히 십만 리에 이르지만
나는 정확히 알지 못한다.
그의 날개들이 자라나서

그는 거대한 날개를 가진 새가 된다.

그 등은 끝이 없으며,

꼬리는 17킬로미터에 이른다.

그가 집을 떠나 날아오르니,

그는 거대한 날개가 하나의 장막이 되어 하늘을 가린다.

이 글은 『장자』의 소요유편(逍遙遊篇)에 나오는 내용이다. 도교는 기묘하고 꿈같으며 요정 이야기 같은 교리로 가득하다. 마치 『립 밴 윙클』(Rip Van Winkle)의 이야기처럼 현실과 동떨어진 신비로운 세계를 다룬다. 1819년에 쓰인 이 작품은 미국 작가 워싱턴 어빙(Washington Irving)의 단편 소설로, 게으른 주인공 립이 유령들이 준 술을 마시고 잠든 후 20년이 지나 깨어나는 이야기이다.

중국의 몇몇 학자들은 도교의 가르침에서 삼위일체와의 연관성을 발견했다고 주장하지만, 조선인들은 도교와 기독교 사이에 어떠한 유사점도 없다고 생각한다. 그리고 도교는 한반도에서는 이미 죽은 종교이다.

무속신앙

그러나 조상숭배가 조선인의 영적인 영역 전체를 차지하고 있다고 생각해서는 안 된다. 조상숭배는 조선인의 가장 위대한 종교이며, 정통 신앙을 가진 사람들에게 필수적인 믿음이다. 만약 성스러운 사회에 들어가고자 한다면, 조상 숭배를 반드시 지키고 따라야 한다. 하지만 반드시 영적 매개자나 무당, 혹은 산신령이나 용, 점, 점성술을 믿는 자가 될 필요는 없다.

그럼에도 불구하고, 조선 전체가 이러한 무속신앙으로 뒤덮여 있다. 마치 메뚜기 떼가 이집트를 덮쳐 모든 것을 벌거숭이로 만들었던 것처럼 말이다. 이사벨라 비숍 (Isabella Bishop) 여사의 말에 따르면, 조선은 매년 귀신을 숭배하는 데 125만 달러를 소비한다.

귀신들

조지 존스 박사는 조선에서의 영의 존재를 다음과 같이 생생하고 정확하게 묘사하고 있다.

"조선인들은 땅과 하늘, 그리고 바다가 귀신들로 가득 차 있다고 믿는다. 귀신들은 그늘진 나무 아래, 깊은 계곡, 맑은 샘물, 그리고 산마루 등에 출몰한다. 푸른 언덕의 경사면, 평화로운 농경지, 풀로 덮인 작은 골짜기, 숲이 우거진 고지대, 호숫가나 냇가, 길과 강변, 동서남북 사방에 귀신들이 가득하며, 그들은 인간의 운명을 가지고 고약한 경기를 벌인다.

귀신들은 지붕 위와 천장, 아궁이, 구들장, 대들보에도 존재한다. 그들은 굴뚝과 헛간, 마루와 부엌을 채우고 있으며, 모든 선반과 항아리에도 깃들어 있다. 수천 년 동안, 귀신들은 나그네가 집을 떠날 때 그를 불러 세우고, 그의 옆에 있고, 뒤를 따라가며, 앞에서 춤을 추고, 머리 위에서 윙윙거렸다. 그들은 땅과 공중, 물에서 인간에게 끊임없이 울부짖으며 그들의 존재를 드러냈다. 그들의 숫자는 수천만에 이른다고 한다.

이처럼 귀신이 어느 곳에나 있다고 말하는 것은, 사실상 '무소부재(無所不在)하신 신성'을 불경한 방식으로 희화화한 것이라 할 수 있다. 이러한 믿음은 조선인을 끊임없는 초조함과 걱정 속에 살게 했으며, 그들을 막연한 공포에 사로잡히게 했다. 아마도 조선인이 이 세상에 머무는 동안 공포 속에서 산다고 말하는 것이 맞을 것이다. 조선의 모든 집은 귀신들에게 종속되어 있다. 여기에도, 저기에도, 모든 것에 귀신들이 존재한다. 조선인은 삶의 모든 순간 귀신과 맞닿아 있으며, 그들의 안녕은 귀신을 달래는 행동에 달려 있다. 그리고 만약 사람이 귀신을 소홀히 대하면, 그들은 자비 없이 잔혹하게 복수하여, 그 사람을 출생에서 사망에 이르기까지 속박의 멍에 아래에 두고 만다."

이 땅에서 잘못된 원인으로 죽은 망령들은, 자신이 겪

은 그 불운을 천 배로 갚을 때까지 살아 있는 자를 쫓아다 닌다. 그들 중 대다수는 여전히 쉴 곳을 찾지 못하고 있거 나, 짐승도 인간도 아닌 상태로 떠돌고 있다. 따라서 그들 과 마주치는 것은, 마치 줄무늬로 위장한 식인종을 만나는 것보다 훨씬 더 위험하다.

이 원한 품은 귀신들은 제멋대로 떠돌며 사람들에게 덤 벼들어 싸움을 걸고, 그 존재 자체가 말할 수 없는 공포를 불러일으킨다. 그들의 행동의 특징은 질병과 광기, 빈곤, 수 치, 죽음이다.

각 마을에는 '여단'(厲壇)이라고 불리는 특별한 장소가 있다. 이곳은 돌림병으로 죽은 귀신들에게 제사를 지내는 곳이다. 그러나 이곳에 모여 제사를 받는 귀신들은 항상 불만족과 불쾌함으로 가득 차 있으며, 정신이 매우 산만한 무리다. 만약 의식을 집행하는 중에 조금이라도 실수가 있 으면, 그 패거리는 즉시 의식을 주관하는 책임자의 머리를 내리친다. 귀신들에게 제사를 지내는 일은 매우 위험한 행 위이다.

밤중이 되면, 귀신들의 울음소리가 다시 들려온다. 때 때로 그 모습이 사람들 눈에 보이기도 하지만 대부분은 보 이지 않는다. 큰 귀신도 있고 작은 귀신도 있다.

어떤 귀신들은 마을 전체를 지키는 역할을 한다. 따라

서 그들을 잘 달래야 한다. 만약 그렇지 않으면 발진티푸스나 그와 비슷한 재앙으로 마을을 벌한다. 어떤 귀신들은 산을 장악하기도 하고, 호랑이에게 재갈과 굴레를 씌워 부리기도 한다. 만약 산신령을 무시하거나 모욕하면, 장터에 재앙이 내려 어린아이들이 잡혀가 먹히거나 뱀에 물리는 일이 생긴다는 이야기가 전해진다. 또는 다른 불행이 떨어진다고도 한다.

산이나 마을에는 각각의 '우두머리'들이 존재한다. 그들은 지옥에 닿아 있고 거대한 무리의 귀신들을 불러낼 수 있다고 한다.

무당들

'판수', 즉 눈먼 남자 무당들은 귀신을 몰아내는 일을 업으로 삼는다. 그들은, 예를 들어 조지 워싱턴과 같은 위대한 이름을 반복하며, 그의 금언을 외우면 악령이 떠나간다고 믿는다.

'무당'이라 불리는 여인들은, 특정 귀신이나 다른 존재들에게 자신을 내어주어, 그들의 도구가 된다. 그렇게 하여 예언을 하거나 숨겨진 신비를 드러내는 말을 한다.

도깨비

반은 귀신이고 반은 요정인 도깨비들은 끊임없이 활동하며 갖가지 못된 장난을 친다. 도깨비는 조선인이 보고 있지 않을 때나 아무 생각 없이 평화롭게 길을 걸을 때 갑자기 나타나 그의 상투를 잘라버린다. 그 사람은 그 사실을 전혀 눈치채지 못하다가 머리 꼭대기가 허전한 것을 느끼면 깜짝 놀라며 말한다.

"안녕하시오, 누구시오? 나인가, 아니면 중인가? 중이 아니라고? 그러면 나네! 아이고, 도깨비가 다녀갔구먼! 그래서 내 상투가 없어졌지!"

도깨비들은 그릇 뚜껑을 안으로 밀어 넣고, 문풍지에 모래를 던지거나, 밤이면 산허리에서 불장난을 한다.

장승

조선의 방방곡곡에서 길가에 세워진 기둥들을 볼 수 있다. 이 거칠게 깎인 나무 기둥들에는 드러난 이빨, 무시무시한 얼굴, 그리고 사나운 눈과 귀가 새겨져 있다. 이 기둥들은 악귀가 지나가는 것을 막기 위해 세워진 것이다.

사람들은 보통 이들을 "아무개 대장군"이라는 이름으로 부른다. 이들은 대대로 보이지 않는 세계의 수많은 세력으로부터, 조선의 가난한 사람들을 강력하게 보호해 왔다.

용

용은 비늘로 덮인 모든 기어다니는 생물 중의 왕이다. 그 모습은 우리가 보는 물기둥처럼 하늘 높이 솟구치기도 하고, 깊이를 측량할 수 없는 연못의 바닥까지 내려가기도 한다. 용은 신성한 괴물이다. 그는 언덕 아래에 거처를 두고 있으며, 때때로 그의 등을 보호하기 위해 돌을 깔아 길을 만든다. 그러나 그 길이 깊이 파이면, 용은 큰 화를 입을 수도 있다.

영국에서는 성 조지(Saint George)가 용을 처단했을지도 모른다. 성 조지는 로마 디오클레티아누스 황제의 박해 속에서 용감하게 신앙을 지킨 기독교 순교자이다. 그는 영국의 수호성인으로, 전설에 따르면 리비아의 한 이교도 마을에서 용을 죽이고 공주를 구출했다고 전해진다. 그러나 동양에서는 여전히 용이 번성하고 있다.

일본의 동전에는 몸을 비틀어 똬리를 튼 용의 갈고리 같은 모습이 새겨져 있다. 중국의 깃발에는 거친 바람을 헤쳐나가는 용의 모습이 그려져 있다.

나는 조선에서 가장 숭상받는 경전 중 하나인 『주역』에서 다음과 같은 문장을 읽은 적이 있다.

"여섯 번째 괘는, 용들이 밖에서 싸우는 모습을 보여준다. 그들의 피는 보라색과 노란색이다."

조선에서는 왕좌에 앉은 왕부터 물방앗간에서 일하는 하녀까지, 모든 이들이 용에 관해 이야기한다.

공포의 세계

지금까지 조선인이 살아온 세계, 그리고 지금도 살아가고 있는 무서운 세계에 대해 충분히 이야기했으므로, 독자들은 이제 어느 정도 이해하게 되었을 것이다. 조선인은 삶의 모든 순간이 공포의 지배 아래 놓여 있다. 앞서 말한 것처럼, 그들은 자연스럽게 운명론자가 되어 일어날 일은 반드시 일어난다고 생각한다. 자신의 생년, 생월, 생일, 생시는 귀신들의 손에 달려 있으며, 귀신들이 자신들의 운명을 주관하고 있다고 믿는다. 마치 호랑이가 마을에서 불쌍한 개를 잡아가 괴롭히듯, 귀신들도 자신들을 이리저리 흔들며 괴롭힌다고 여긴다.

지금까지 살펴본 이 세계를 하나로 조합해 보면, 조상 귀신들의 존재를 보게 된다. 그들은 비열하고 이치에 맞지 않으며 종잡을 수 없다. 그리고 삶을 무시무시한 긴장감 속의 순례로 만들기에 충분한 존재들이다. 그러나 그것만이 전부가 아니다. 그 외에도, 귀신, 악귀, 요정, 용, 산신령, 기타 온갖 신비한 존재들이 있다. 이 모든 것을 더해 보라. 그러면 우리는 '옛 조선의 세계'를 보게 된다.

10장 가장 특별한 한국인의 종교: 조상숭배

조선 전체의 마음을 사로잡는 종교가 존재하는가? 아니면 이사벨라 비숍이나 퍼시벌 로웰(Percival Lowell)이 지적한 것처럼, 조선인들은 종교 없이 살아가는 것인가?

나는 조선의 환경을 깊이 접하면 접할수록 더욱 확신을 가지고 말할 수 있다. 조선인들에게는 종교가 있다. 그리고 그들은 그 종교를 위해, 또 그 종교 때문에, 서구의 일반적인 기독교인들이 자기들의 신앙을 위해 노력하는 것보다도 훨씬 더 많은 것을 행한다.

그 어떤 제의나 관습보다도 우위에 있는 것은 바로 조상숭배이다. 그것은 조선에서 번영과 성공으로 가는 문을 받치고 있는 쐐기돌과 같다. 조상숭배를 소홀히 하는 것은 삶과 희망으로 향하는 고속도로 전체를 막아버리는 것과 같다.

조상을 잘 섬기면서도 부처에게 자문할 수도 있고, 옥황상제에게 물어볼 수도 있다. 평범한 산신령 앞에서 절을 하거나 침을 뱉어도 된다. 오방장군(五方將軍)을 위해 기둥, 즉 장승을 세워도 되고, 점쟁이를 찾아가도 된다. 오방장군은 다섯 방위, 즉 동·서·남·북·중앙을 지키며 관장하는 신으로 '오방신'이라고도 불린다. 그러나 조상들을 잊어버리고, 그 외의 신들에게만 의지하는 것은 실체 없는 그림자에 기도하는 것과 다름없다. 조상숭배는 조선인의 마음과 영혼을 완전히 사로잡고 있다.

조상숭배가 이루어지고 있다는 것을 어떻게 알 수 있을까? 조선에는 사원이나 제단, 성소나 성직자도 없고 기도문을 낭송하거나 찬송을 부르는 일도 없다. 그렇다면 조상숭배의 흔적이나 특징은 무엇인가?

그 대답은 바로 상복(喪服), 신주(神主), 신줏단지, 무덤이다.

이러한 요소들과 그것들에 관한 생각과 관습이 조선의 생활 속에서 매우 큰 부분을 차지하고 있다. 사실 서구의 기독교 신조들이 서구인들의 삶에서 차지하는 비중보다, 조선에서 조상숭배가 차지하는 비중이 훨씬 더 크다. 따라서 나는 이것들에 대해 조금 더 주의 깊게 살펴보고자 한다.

묏자리

한 집안의 어른은 '지사'(地師), 즉 풍수 전문가를 불러 가족을 위한 묏자리를 찾아달라고 부탁한다. 그는 마치 고해 신부와 같은 존재이지만, 위쪽이 아니라 아래쪽을 가리킨다. 또한 그는 가족에게 보수를 요구하는데, 만약 가족이 길한 터의 덕을 보고 싶다면 돈은 많을수록 좋다.

그는 주변을 감싸고 있는 봉우리들을 멀찌감치 내다보며, 묏자리로 적합한 조용한 언덕의 돌출부를 찾는다. 그 곳에는 물이 스며 나오는 습지도 없어야 하고, 시끄럽게 떠드는 사람들도, 신경 쓰이게 하는 바람도 없어야 한다. 오직 부드러운 산들바람, 언덕의 고요함, 충만한 햇볕의 축복만이 있어야 한다.

그는 '나경'(羅經)을 꺼내어 묏자리의 중심점에서 방사형으로 뻗어 나가는 여러 개의 선을 따라가며, 어떤 산봉우리가 오른쪽, 왼쪽, 혹은 정면에 위치하는지를 확인한다. 나경이란 지사들이 묏자리를 선정할 때 사용하는 일종의 나침반이다.

만약 번영의 선을 따라 있는 장소라면, 그 집안은 대대손손 번영할 운명을 타고난 것이다. 교육의 선에 자리 잡으면, 그 집안은 학자들로 명성을 떨칠 것이다. 높은 지위의 선에 놓여 있으면, 그 집안에서는 많은 이들이 권력 있는 관리가 될 수도 있다. 재물의 선을 따라 있으면, 그 집안은 부유한 가문으로 번성할 가능성이 크다.

이것이 바로 지사가 나경을 들고 찾아 헤매는 천국, 즉 이상적인 명당(明堂)이다. 일단 발견된 장소가 만족스러우면, 지사는 보수를 받는다. 그리고 무덤을 파고, 석회, 모래, 진흙 등으로 바르고 덮으면, 이로써 아버지나 어머니, 혹은 양친 모두를 보내드릴 준비가 완료된다.

장례식

부모가 세상을 떠나면, 가족들은 한동안 곡을 계속한다. 그들은 조용히 흐느끼는 것이 아니라, 입을 크게 벌려 울부짖는다.

나흘째 되는 날, 상을 당한 가족들은 삼베로 만든 상복을 입고, 허리와 머리에 새끼줄을 두른다. 유채색의 의복은 모두 멀리한다. 색깔은 즐거움과 유쾌함, 기쁨을 나타내기 때문이다.

오랫동안 쓸 일이 없는 집은 황량하기 그지없고, 곳곳에서 곡소리와 자신을 책망하는 소리가 울려 퍼진다. 이 모든 것이 죽음의 분위기에 감싸이면, 조선인의 장례는 전통적인 예법대로 진행되고 있는 것이다.

상주는 짚신을 신고, 편안한 가죽신은 절대 신지 않는

다. 가죽신은 편안함과 안락함을 뜻하기 때문이다. 또한, 상중에 있는 사람은 육류를 먹지 않으며, 공직에도 나가지 않는다. 죄스러운 눈으로 하늘을 마주하지 않으려고 삿갓을 쓰고 다닌다.

그는 이렇게 말한다.

"나의 죄 때문에 부모님께서 돌아가셨다."

또한, 편지를 쓸 때는 밑에 이렇게 적는다.

'죄인 김 아무, 근서(謹書).'

시신은 아주 섬세한 비단으로 감싼 후 베로 덮고 서너 개의 줄로 단단히 묶는다. 시신 둘레의 틈을 꼼꼼히 동여맨 다음 관에 넣고 뚜껑을 덮는다. 고인이 소중하게 여기던 장서나 물건들도 종종 함께 관 속에 넣는다. 경우에 따라 며칠 혹은 몇 달이 지난 후, 밤이 되면 등불을 밝히고, "아이고, 아이고" 곡을 하며 장례 행렬이 밖으로 나선다.

이처럼 혼란스러운 세계 속으로 이 말씀이 들어왔다.

"우리가 예수께서 죽으셨다가 다시 살아나심을 믿을진대, 이와 같이 예수 안에서 자는 자들도 하나님이 그와 함께 데리고 오시리라"(살전 4:14).

혼백

모든 인간은 두 개의 영혼을 가지고 있다고 믿는다. 하나는 양(陽)의 성질, 즉 남성적 성질을 가진 영혼인 '혼'(魂)이며, 다른 하나는 음(陰)의 성질, 즉 여성적 성질을 가진 영혼인 '백'(魄)이다. 육체가 조상 대대로 내려온 무덤에 잠들어 있는 동안, 혼은 자연스럽게 하늘로 올라가고, 백은 땅으로 내려간다고 여겨진다.

조선에는 '부활'을 의미하는 단어가 존재하지 않는다. 그 이유는 유교 사상에는 부활이라는 개념 자체가 없기 때문이다.

제사

유교에서 제례(祭禮)는 기독교에서 교회에 가고 기도하고 주일학교에 다니며 찬양하는 것과 같다. 한 가문의 가장이 된다는 것은 단순히 목사나 주일학교장이 되는 것 이상의 의미가 있다.

부모상을 당한 가장은 삼 년 동안, 매월 초하루와 보름이 되면 제사를 지내야 한다. 그는 빈소에 모셔진 신주(神主) 앞에 밥, 떡, 고기, 국, 푸른 채소, 대추, 밤, 호두, 감, 약과, 부침개 등의 음식을 정성스럽게 바친다. 이때쯤 혼은 하늘로부터 내려와 그 음식의 향기를 마신 후 다시 돌아간다고 한다. 그러나 비천한 '백'은 이 의식에 참여하지 못한다.

3개월 동안 곡이 계속된 후, 침묵 속에서 치러지는 제의(祭儀)가 이어진다. 이러한 장면은 한밤중이나 닭이 울기 직전에 볼 수 있다.

삼 년 동안 신주가 제사를 받고 나면, 그 신주는 사당으로 옮겨지며, 이로써 곡이 마무리된다. 한 사당에는 한 번에 삼 대(三代)까지만 모실 수 있다. 따라서 새로운 제위(祭位)가 생기면, 증조부의 신주는 꺼내어 매장한다.

무덤과 묘지

매년 특별한 날이 되면, 네댓새 동안 이른 아침 무덤에서 제사를 올린다. 조선에서 무덤은 살아 있는 사람들의 집보다 훨씬 더 중요하다. 이웃의 생활 영역을 침해하면 다소 시끄러운 소란이 일어날 뿐이지만, 죽은 이들의 영역, 즉 묘지를 침범하면 법적으로 큰 처벌을 받는다. 이를테면 곤장을 맞거나, 칼을 씌우거나, 사약을 받거나, 문중 사이에 격렬한 싸움이 일어나 대대로 이어지는 일도 있다.

고인의 영면은 매우 중요한 일이다. 그래서 자손들은 무덤을 잘 살피고 돌보며, 항상 깨끗하게 손질하고 관리한다. 만약 무덤을 소홀히 관리하면 건강과 부, 복 대신 불운이 찾아온다고 믿는다.

한때 가여운 폐병 환자가 초췌한 얼굴로 나를 찾아온

적이 있다. 그는 자기 어머니의 무덤을 옮기도록 도와달라고 간청했다.

"어머니가 안치된 곳에서 물이 졸졸 스며 나오고 있습니다. 그 탓에 제가 폐결핵에 걸렸습니다. 만약 이장할 수만 있다면, 저의 건강도 나아질 텐데요."

참으로 가엾은 소년이었다. 그의 삶의 희망이 어머니 시신의 상태에 달려 있다니!

한번 상상해 보자. 어떤 도적이 아이를 유괴한 뒤, 이성을 잃은 부모에게 다음과 같은 편지를 보냈다고 가정해 보자.

"내가 네 딸을 데리고 있다. 새벽 1시에 아무개 장소로 500불을 가지고 오면 네 딸을 돌려주겠다."

이런 일이 벌어진다면 마을 전체가 큰 소동에 휩싸일 것이다.

그러나 조선에서 범법자 박 씨가 부유한 민 씨에게 이런 편지를 보냈다고 상상해 보라.

"내가 당신 부친의 시신을 파내어 보관하고 있소. 만약 당신이 자정까지 장곡천으로 오천 냥을 보내면 시신을 돌려주겠소. 하지만 돌아오는 보름까지 돈을 보내지 않으면, 경고하건대 당신 조상들의 뼈를 가루로 만들겠소."

이런 상황이 닥친다면, 조선인들의 절망은 극에 이를

것이다.

이 제도의 좋은 점과 나쁜 점을 요약하자면, 아이들에게 부모를 존경하도록 가르친다는 점에서는 긍정적이라 할 수 있다. 조선의 어린아이들은 아버지의 권위에 반감을 품지 않는다. 그들에게 그것은 하나님께 반역하는 것과 다름없기 때문이다.

하나님의 계시 없이도 부모를 신성한 존재로 여긴다는 점에는, 어떤 숭고하고도 높이 기릴 만한 가치가 있다. 확실히, 이 땅에서 부모는 가장 높은 존재이다. 그들은 일본 신토교의 신자들이 섬기는 영웅보다도 높으며, 어떤 중간자적 존재보다도 더 높은 위치에 있다.

그러나 조상숭배가 초래하는 파괴적인 영향은 그로 인한 이득보다 훨씬 크다. 그 대표적인 예가 가차 없고 탐욕스러운 토지 낭비이다. 언덕에서 가장 좋은 장소는 죽은 자들이 차지하고 있다. 반면 살아 있는 사람들은 후미지고 으슥한 곳으로 내몰리거나 말라리아에 걸리기 쉬운 평지에 모여 살아야 한다. 그동안 조상의 망령은 언덕 위의 높은 곳에서 편히 쉬고 있다. 나무와 푸른 잔디가 어우러진 상쾌한 환경은 죽은 자들의 몫이고, 살아 있는 사람들은 시장통의 먼지와 열기, 악취 속에 남겨진다.

조선에서는 조상에 대한 경외심 때문에 언덕에서 금,

은이나 다른 보물을 채굴하는 행위가 금지되어 있다.

"살아 있는 자들이 무엇이며 황금이 무엇이기에 내 아버지의 혼이 누려야 하는 달콤한 영면과 비교할 수 있겠는가?"

탐욕스러운 속된 환상은 멀리 던져 버리고, 언덕에는 오직 평화만이 깃들어야 한다!

조혼 풍습

조상숭배를 하려면 죽은 조상에게 제사를 지낼 후손이 필요하기 때문에 조혼을 강요하게 된다. 아이들은 열 살, 때로는 그보다 어린 나이에 결혼해야 한다. 사랑으로 하는 결혼? 사랑이 결혼과 무슨 관계란 말인가? 그 결과 가정은 불행해지고 첩을 두게 되며, 부모는 무책임해진다. 결국 두세 칸 좁은 방에서 20여 명의 가족이 함께 살아야 하는 처지가 된다. 그 어리석음과 비참함은 이루 말할 수 없다.

조상숭배의 의무와 악영향

요즘은 먼 곳까지 여행하는 시대지만, 조상숭배 풍습 때문에 자유롭게 여행할 수도 없다. 좋은 자녀라면 제사를 지내기 위해 반드시 집으로 돌아와야 한다. 세상이 어떻게 변하든, 위패가 놓인 그 방, 그 무덤, 그리고 정해진 제삿

날이 당신을 죄인처럼 단단히 붙잡고 있는 것이다. 어떤 효자들은 무덤 옆에 조그마한 여막을 짓고, 씻지도 머리를 빗지도 않은 채 그곳에서 거주하기도 한다.

조상숭배에 따르는 불결한 관습들, 즉 목욕하지 않는 습관, 시신을 오랫동안 집안에 보관하는 풍습 등은 오랫동안 질병과 전염병의 확산을 부추기며 조선을 병들게 해왔다.

조상숭배의 해로운 영향 중 하나는 여성의 삶을 억압하는 것이다. 여자는 제사를 지낼 수도 없고 가문의 대를 이을 수도 없다. 여자아이가 태어나면, 이미 아들이 많은 경우가 아니라면 실망만 안겨줄 뿐이다. 여인의 삶은 복종과 억압의 연속이며, 무거운 짐을 짊어진 채 살아가야 한다. 그녀가 도달할 수 있는 마지막 종착지는 황천뿐이다.

결국 이 모든 제사 때문에 조선인들은 손발이 묶인 채 살아간다. 공직에 나아갈 수도 없고 여행도 자유롭지 않다. 하나님께서 그들에게 주신 땅을 제대로 활용하지도 못한 채, 조혼으로 인해 가난과 불행 속에 갇히게 된다. 그들은 점점 더 희망 없이 과거를 되돌아보며, 빠져나올 수 없는 혼란 속으로 걸어 들어간다. 이 모든 것이 우리가 살아가는 시대와는 전혀 맞지 않는다.

20세기에 들어서면서 조상숭배나 조상의 묘지가 있는

선산의 중요성은 점점 희미해지고 있다. 기차는 그 선산을 가로질러 질주하고 묘지 주변을 지나면서 전통적으로 믿어온 운과 복을 가차 없이 베어낸다. 기차의 거친 기적 소리가 가장 신성하다고 여겨졌던 계곡을 뒤흔들며 울려 퍼진다. 마치 바퀴 달린 거친 괴물이 풀려나, 포효하며 앞으로 돌진하는 것과 같다.

설령 기독교가 조상숭배의 자리를 대신 차지하지 못한다고 해도, 조상숭배는 반드시 사라져야 한다. '청룡'과 '백호'와 같은 '산에 있는 영들'이 있는 산줄기를 따라 끝없이 이어진 광석 운반 열차가 달리고 있다. 이 광석들은 쇄광기에 들어가 산산이 부서지고 으깨진 후, 마지막에는 모든 금속이 추출될 것이다. 시대는 앞으로 나아가면서 모든 낡은 미신과 조상숭배를 서서히 지워가고 있다. 이것은 거스를 수 없는 시대의 요구다.

그러나 선교사들은 조상숭배라는 거대한 질문 앞에서 당혹스러움을 느낀다. 조상숭배는 이미 땅속에 묻힌 세대들뿐만 아니라 살아 있는 사람들에게도 깊이 뿌리내려 영향을 미치고 있다. 더 나아가 조상숭배는 동양에서 가장 지혜로운 선현들과도 연결되어 있으며 공자를 비롯한 여러 현자로부터 정당성을 부여받고 있다. 그렇다면 젊고 경험이 부족한 선교사가 이 문제 앞에서 무엇을 할 수 있을까? 그는 논증을 통해 핵심을 찌를 수 있을까? 절대 아니다. 그가 아무리 설득하려 해도 조상숭배를 신봉하는 이들에게 별다른 영향을 미치지 못할 것이다.

그렇다면 그가 할 수 있는 것은 무엇일까? 마치 한 흑인이 문 앞을 지키고 있는 검은 개를 보고 "그 녀석의 턱은 크고 눈은 굉장히 위험하다"라고 말한 것처럼 행동하면 된다. 그가 어떻게 했는가? 그는 개를 건드리지 않고 그대로 두었다. 조상숭배도 마찬가지다. 그것을 건드릴 필요는 없다. 영적으로 살아 있는 것이 자연스럽게 조상숭배를 사라지게 만들 것이다. 마치 거지가 황태자가 되기 위해 스스로 낡은 겉옷을 벗어 던지는 것처럼 말이다.

11장 게일의 눈으로 본 한국의 전설과 민담

임진강변 정자에 얽힌 설화

임진강이 내려다보이는 한 곳에 겉보기에는 초라해 보이는 건물이 하나 있었다. 이 건물에는 오래전부터 신비로운 설화가 전해 내려왔다.

약 400년 전 율곡이라는 선지자가 이곳에 살았다. 그는 이곳에 기이한 모양의 구조물을 짓고, 종종 나무의 안팎을 기름으로 칠했다. 주변 사람들이 "왜 그렇게 하느냐?"고 묻자, 그는 이렇게 대답했다.

"이것은 장차 불에 타도록 준비하는 것이다."

그리고 그는 임진강의 이름을 언급하며 다음과 같은 예언을 남겼다.

"앞으로 '임진'강과 이름이 같은 '임진'년이 오면, 그날 밤 (구체적인 날짜를 언급하며), 이 건물을 반드시 불태워야 한다. 그렇지 않으면 나라에 큰 재앙이 닥칠 것이다."

그러나 율곡은 그 해가 오기 전에 병으로 세상을 떠났다. 그는 죽기 전 형에게 기름칠을 계속할 것과 예언한 그날 밤이 오면 반드시 건물을 태울 것을 당부했다.

1592년, 마침내 임진년이 되었다. 일본군이 조선을 침략하고 서울을 함락했다. 조선의 왕은 목숨을 부지하기 위해 급히 도망쳤으나, 적들의 추격은 바짝 뒤따르고 있었다. 왕은 깊은 산속에서 길을 찾으려 애썼지만 밤이 너무 어두워 더 이상 도망치는 것이 불가능해 보였다.

그 순간, 갑자기 앞쪽에서 거대한 불길이 타올랐다. 불길은 칠흑 같은 어둠을 밝히며 왕에게 길을 비춰주었다. 왕은 그 덕분에 산을 넘고 강을 건너 마침내 안전한 곳으로 몸을 피할 수 있었다.

그날 밤은 바로 율곡이 예언했던 바로 그날이었다. 그리고 왕을 구한 불길은, 율곡이 기름칠해 둔 바로 그 건물에서 솟아오른 것이었다.

오늘날 그 정자는 사라졌지만, 예언자의 지혜와 기적을 기념하기 위해 그 곳 위에 새로운 건물이 세워졌다. 그것이 바로 우리가 지금 볼 수 있는 임진강변의 정자이다.

마룻대에 달린 단검과 바퀴벌레에 얽힌 미신

조선의 용천이라는 마을에서는 다른 지역에서는 본 적 없는 독특한 풍습이 우리의 관심을 끌었다.

그곳에서 우리가 머물렀던 주막은 말로 표현할 수 없을 만큼 더러웠다. 가능한 한 깨끗한 자리를 골라 앉고 나서 문득 위를 올려다보니, 마룻대에 단검 같은 것이 매달려 있었다. 그것은 단순한 장식이 아니라 이 마을 조상 대대로 내려온 관습의 일부인 듯했다.

이곳 사람들은 한 가지 미신을 믿고 있었다. 마을에서 누군가 불길한 날에 죽으면, 그의 혼령이 이리저리 떠돌다 살아 있는 사람을 데려갈 작정으로 남의 집에 들어간다는 것이다. 그런데 망령이 집에 들어가려 할 때 본능적으로 마룻대를 흘깃 쳐다보게 되는데, 만약 그곳에 단검이 매달려 있으면 놀라 겁을 먹고 도망친다고 한다. 그 덕분에 집안사람들은 무사할 수 있다고 믿었다.

우리는 이러한 상상 속의 재앙에 대해서는 아무런 위협도 느끼지 않았다. 그러나 곧 모든 미신을 뛰어넘는 실제의 적이 우리를 덮쳐왔다.

그 적은 바로 바퀴벌레였다!

조선인들은 바퀴벌레가 다른 벌레들을 잡아먹는다고 말했다. 심지어 어떤 이들은 벌레가 늙으면 바퀴벌레가 된다는 기묘한 이야기도 들려주었다.

그러나 확실한 것은, 바퀴벌레와 벌레 모두 죽은 사람을 갉아먹는다는 점이다. 더욱이 그들은 늙지도 않고 덜 혐오스러운 다른 존재로 환생하지도 않는다. 망령보다도, 단검보다도, 진정한 공포는 이 끈질긴 존재들이었다.

횡행하는 도깨비들

내가 만난 어떤 막노동꾼은 동료들을 별로 두려워하지 않는 듯했다. 그의 진정한 적은 도깨비와 귀신, 즉 서양 언어로 번역하자면 '작은 악령들'(little devils)이었다.

그는 삶의 모든 불쾌한 조건들이 이 악령들의 통제 아래 있다고 믿었다. 그래서 이 '작은 악마'를 잡아 병 속에 가두고, 땅속 깊이 묻어버리려는 간절한 소망을 품고 있었다. 그러다 보니 그의 얼굴에는 깊은 주름살이 생겼다. 하지만 그 주름살은 일반적인 근심이나 공포 때문이 아니라, 오직 악령들에 대한 두려움에서 비롯된 것이었다.

그는 벌어들인 돈 중 상당 부분을 판수, 즉 시각 장애인 점쟁이와 무당을 부르는 데 사용했다. 무당이 오면 춤을 추고 소리를 지르며 징과 북과 꽹과리를 울렸다. 그 소리는 어떤 악령이라도 겁을 먹고 도망칠 만큼 요란했다.

나는 무당이 귀신을 쫓아내는 장면을 한 번 본 적이 있다. 무당은 마치 무아지경에 빠진 듯했다. 그는 어지러울 정도로 빙빙 돌았고, 보다 못한 나도 그 춤판으로 뛰어들어 함께 왈츠를 춰야겠다는 생각이 들 정도였다.

이 가련한 막노동꾼은 또 하나의 두려움 속에서 살고 있었다. 도깨비가 자신의 상투를 잘라 버릴지도 모른다는 것이다. 어두운 밤 지나가던 도깨비가 상투를 낚아채 가 버릴 수도 있어서 그는 밤길을 좀처럼 나서지 않았다. 실제로 "원래 상투가 있었는데 도둑맞았다"라고 하소연하며 나를 찾아온 사람들도 있었다.

도깨비는 또 초가지붕 위에 훨훨 타오르는 불덩이를 던져 불을 지르기도 한다. 사람들은 이 불덩이가 저승의 용광로에서 가져온 것이라고 믿었다.

부엌에서는 이유 없이 그릇들이 쨍쨍 깨지는 소리가 나고, 벽에서는 물 끼얹는 소리가 들리기도 한다. 그 사이 문이 꽉 닫히고, 자물쇠가 저절로 잠겨버리기도 한다.

그러자 아낙네는 공포에 질린 채 외친다.

"이 악령들이 시어머니보다 더 무서워요!"

조상숭배와 악령에 사로잡혀 평생을 사는 조선인

나는 종종 궁금했다. 이 막노동꾼은 삶을 느긋하게 살아가고 일에도 큰 관심이 없어 보이는데, 왜 그의 얼굴에는 그렇게 많은 주름이 새겨져 있을까?

내 결론은 그 주름들이 평생 그를 속박하는 악령들에 대한 두려움에서 비롯되었다는 것이다.

나는 그 막노동꾼과 그의 조상들 간의 관계를 완전히 이해하지는 못했다. 그가 매우 경건하게 제사를 지내고 있다는 점은 의심할 여지가 없었다. 그러나 그는 자신이 행하는 제사의 의미를 진정으로 이해하고 있을까? 그가 상황을 어느 정도 파악하고 있다는 것은 다음과 같은 사실로 알 수 있었다.

그는 4대조까지의 모든 묘를 정확히 알고 있었으며, 심지어 증조부의 육촌 형제에 대해서도 서양인들이 이복 여동생을 이야기하듯 친근하게 말할 수 있었다. 해마다 모든 기일을 빠짐없이 챙겼다. 하지만 그것이 어떤 의미를 지니는지는 명확히 설명하지 못했다. 삶의 번영이 이런 신비한 방식에 달려 있다고 믿고 따를 뿐, 그 이상의 깊은 고민은 하지 않는 듯했다.

나는 조선인들이 죽은 부모를 향해, 마치 범인이 공범의 배신에 대해 느끼는 것과 같은 원한을 품고 있다는 생각이 들었다. 그러나 내 조선인 친구들은 그렇지 않다고 주장했다.

부모는 이 세상을 떠나면서 극도의 배신을 저질렀다.

그 치욕을 후손에게 남겨둔 채, 정작 자신은 선조들과 다른 고대의 유명한 망령들과 함께 유유자적 소풍을 즐긴다. 반면 부모를 잃은 막벌이꾼 상주는 자신을 "타락한 존재" 또는 "부도덕한 죄인"이라 부르며, 삼 년 동안 얼굴을 덮는 넓은 모자를 쓰고 무거운 마음으로 살아간다.

조선인을 지켜주는 수호령들

조선인들은 모든 곳에 영이 있다고 믿는다. 그래서 조선에서는 모든 언덕과 바위, 나무마다 신령이 깃들어 있다는 신앙이 생겨났다.

또 오랜 세월 동안 집안에서 제사를 지내다 보니 수호령의 개념이 발전했고, 사람들은 음식과 기원, 벽에 붙이는 부적 등을 통해 수호령을 숭배하게 되었다.

독사들이 조선 가옥의 기와 아래나 초가지붕 속, 혹은 그 주위에 똬리를 틀고 있는 것을 흔히 보게 된다. 이러한 이유 때문에 조선인들은 뱀을 수호령과 연관 짓게 되었다. 가장 흔한 숭배 방식은 뱀에게 기원하고 음식을 바치는 것이다.

이외에도 조선인들은 수많은 정령을 수호령으로 여겼다. 용은 우물 속에 칩거한다고 믿어, 사람들은 우물 아래로 음식을 떨어뜨려 용을 숭배했다. 족제비, 돼지, 그 외의 여러 불결한 짐승들도 수호령으로 여겨 일정한 날을 지정해 제사를 지냈다. 그렇게 해서 연중 끊임없는 종교의식이 이어졌다.

섣달그믐 밤, 신발을 훔쳐가는 '앙괭이'

저녁이 되면 조선인은 '앙괭이'라는 산타클로스가 집에 들어오지 못하도록 문을 잠근다. 앙괭이는 하늘 위에 사는 노인으로, 새해 선물로 쓸 물건들을 수집한다고 전해진다. 동양의 다른 지역과 마찬가지로, 조선인들도 신발을 문밖에 내놓는다. 그러면 섣달그믐 밤에 앙괭이가 와서 그것을 신어 보고, 자신이 다녀갔다는 흔적을 남긴다.

하지만 앙괭이는 우리가 아는 따뜻하고 인자한 산타클로스가 아니다. 그는 사악하고 늙은 악마로, 남기고 가는 선물은 발진티푸스, 콜레라, 문둥병 같은 무서운 질병들이다. 그래서 사람들은 그를 반기기는커녕 두려워하며 경계한다. 예를 들어 프랑스에서는 어린아이가 울 때 어머니들이 "말브로크(Malbroke)나 말버러(Marlborough)가 온다"고 겁을 주듯, 조선의 어머니들은 "쉿, 울지 마. 아니면 앙괭이가 와서 잡아간다"고 말한다.

그러나 동양의 흔한 악귀들과는 달리, 앙괭이에 대해서는 주민들이 알고 있는 예방법이 있었다. 가장 간단한 방법은 신발을 모두 집 안으로 들여놓고 밤새도록 불을 켜두는 것이다. 그러나 신발을 들여놓았다가 집안 식구들에게 또 다른 재앙이 닥칠 수도 있다고 믿었기 때문에, 사람들은 앙괭이를 막기 위해 여러 방법을 고민해 왔다.

어떤 이들은 미끼를 놓거나 그의 비위를 맞추려 했지만, 효과가 없었다. 대신, 밀가루 체를 문 앞에 두는 것이 가장 효과적이라는 사실을 알게 되었다. 앙괭이는 체망을 보면 그 안에 있는 작은 구멍을 세는 것에 집착한다. 그래서 구멍을 하나하나 세느라 밤을 다 보내 버리고, 결국 새해의 전염병을 퍼뜨릴 기회를 놓치게 되는 것이다.

이러한 이유로 조선인들은 섣달그믐 밤이면 체를 신발을 놓던 자리 옆에 두었다. 그렇게 하면 앙괭이는 밤새 체의 구멍을 세느라 바빠져, 사람들에게 재앙을 퍼뜨리지 못한 채 날이 밝아버린다고 믿었다.

해보다 달을 좋아하는 조선인

조선인들은 중국인들과 마찬가지로 연도를 나눌 때 태양력보다 태음력을 따른다. 이로 인해 생기는 혼란은 마치 스코틀랜드인들 사이에서 벌어졌던 한 일화를 떠올리게 한다.

어느 날 두 사람이 장에 갔다가 집으로 돌아오는 길에

머리 위에서 빛나는 천체를 두고 다투기 시작했다. 한 사람은 그것이 해라고 주장했고 다른 한 사람은 달이라고 우겼다. 둘은 한참 동안 논쟁을 벌였으나 결론을 내리지 못했고, 결국 지나가던 사람에게 의견을 물었다. 그 사람은 잠시 생각하더니 겨우 이렇게 대답했다.

"나는 이 지역 사람이 아니라서 잘 모르겠지만, 내 눈에는 두 개가 보이는 것 같군요. 그런데 그것이 해인지 달인지는 모르겠습니다."

나는 조선인들의 시간과 절기에 대한 혼란을 이 이야기보다 더 잘 설명할 방법을 알지 못한다. 그들은 오랫동안 미신에 사로잡혀 시야가 흐려졌고, 불확실한 눈으로 비틀거리면서도 자신이 태양 아래에서 환하게 길을 걷고 있다고 착각한다.

정월 대보름, 즉 음력 1월 15일 밤이 되면, 조선 사람들은 집에서 가장 가까운 다리 위에 돗자리를 깔고 달을 향해 세 번 절을 한다. 다가오는 해에도 달이 빛을 비추고 길을 인도해 주기를 기원하는 것이다.

달을 오랜 세월 동안 세심하게 관찰하여 그 특징과 성질을 기록하였기에, 조선의 점쟁이들은 마치 영국인이 말(馬)의 습성을 꿰뚫고 있는 것처럼 달의 길흉과 변덕을 잘 알고 있다. 나는 일본군이 평양으로 진격 중이던 당시, 조선인들이 "지금은 싸우기에 적절한 달(fighting moon)이 아니므로 중국은 아직 안전하다"라고 말하던 것이 기억난다.

그러나 조선인들이 그렇게 숭배하는 달은 때때로 선을 악으로 갚는다. 태음력에서는 삼 년마다 한 번씩 부족한 날짜를 보충하기 위해 윤달이 추가되는데, 이때 농사를 망치는 일이 벌어지기도 한다.

한번은 씨를 뿌려야 할 시기에 윤달이 끼었는데, 조선인들은 아무도 파종하지 않았다. 나는 한 조선인에게 "지금이 적절한 파종 시기인데 왜 씨를 뿌리지 않느냐?"라고 물었다. 그러자 그는 단호하게 대답했다.

"절기를 따질 때 윤달은 세지 않습니다. 그래서 우리는 윤달이 지나가기를 기다렸다가 씨를 뿌릴 것입니다."

결국 그들은 한 달 뒤에 파종했다. 그리고 그해 농사는 흉작이 되어 기근이 들었다.

액막이

한 해 중 가장 중요한 달은 정월 초하룻날 밤, 초승달이 빛나는 순간이다. 조선 사람들은 이날을 기점으로 낡은 것이 사라지고 모든 것이 새롭게 시작된다고 믿는다. 이날 그들은 빚을 갚고, 새해를 맞아 설빔, 즉 새 옷을 입으며, 마을 어른들에게 세배를 드리고, 나이 어린 사람들로부터 세배를 받는다.

그러나 모든 의식이 끝나고 나면 허전함과 공허함이 찾아온다. 욥이 "내가 눈 녹은 물로 몸을 씻고, 잿물로 손을 깨끗하게 할지라도 주께서 나를 개천에 빠지게 하시리니, 내 옷이라도 나를 싫어하리이다"(욥 9:30-31)라고 말한 것처럼, 조선인들도 어떤 보이지 않는 것이 자신의 발자국을 따라오고 있다고 느끼며 그것을 떨쳐내기 위해 온갖 노력을 기울인다. 그들은 무당과 점쟁이를 불러 굿을 하고 점을 치며 어떻게든 액운을 막고자 한다.

우리가 조선에서 알던 한 요리사는 다혈질 성격 때문에 여러 번 곤란한 일을 겪었고, 이를 극복하려고 애썼다. 우리는 그에게 기독교적인 방식으로 내면의 문제와 싸우는 법을 알려주려 했지만, 그는 귀담아듣지 않았다. 대신 그는 조선인들도 자신만의 해결 방법을 알고 있지만, 그 방법을 실행하려면 새해가 되어야 한다고 말했다.

새해가 되자, 우리는 그가 늦은 밤 뜰에서 연을 날리는 모습을 보았다. 그 연에는 "나쁜 성질, 조급함, 나쁜 말버릇, 거리에서 싸우는 것" 같은 말이 적혀 있었다. 어둠 속에서 연은 보이지 않았지만, 그는 연줄을 끝까지 풀어 올린 뒤 줄을 끊어 연을 하늘로 날려 보냈다. 그렇게 함으로써 연에 적힌 자신의 나쁜 점들을 없애고 새로운 마음으로 한 해를 시작할 수 있다고 믿은 것이다.

또 다른 속죄의 방법으로 흔히 사용된 것은 짚으로 허수아비를 만들어 그 안에 자신의 죄와 허물을 적은 글과 약간의 돈을 넣는 것이었다. 설날 밤이 되면 거지들이 찾아와 '처용'이라고 불리는 이 허수아비를 달라고 했다. 거지들은 그것을 받아 가는 대신, 그 안에 담긴 악운과 불행을 대신 짊어지는 희생양이 되었다. 그렇게 해서 거지들은 처용 속의 돈을 받고 자신의 영혼의 평안을 파는 셈이었다.

또한 조선인들은 액막이를 위해 산신당 앞에서 제물을 바치는 의식을 행했다. 우리는 이런 일이 우리 집 대문 앞에서 벌어지는 것을 목격한 적이 있었다. 한 노파가 자신의 슬픔과 걱정을 덜기 위해 닭 한 마리와 쌀 한 사발을 우리 집 앞에 놓고 갔다. 그것은 살아 있는 제물이었으며, 그녀는 닭의 다리를 나무에 묶어 놓고 아무 말 없이 사라졌다.

그러나 우리 집 요리사가 그 장면을 보고 닭을 풀어 닭장으로 데려갔다. 얼마 후 노파가 다시 찾아와 닭이 어디 있는지 확인하려 하자, 요리사는 말했다.

"할머니, 닭 여기 있어요."

그러자 노파는 공포에 질린 얼굴로 두 손을 번쩍 들었다. 그녀는 닭을 받으려 하지 않았고, 요리사에게 이렇게 경고했다.

"그 닭과 쌀을 받으면 당신에게 끔찍한 일들이 찾아올 거요."

그녀에게 닭을 돌려주는 것은, 요리사가 연을 날려 보냈을 때 버렸던 것들보다 훨씬 더 무서운 재앙을 떠안는 것이었다.

12장 초기 선교사들이 겪은 어려움

1885년 조선 땅을 밟은 첫 목회자 선교사

1885년 4월 5일, 최초의 목회자 선교사인 호레이스 언더우드 박사(Horace G. Underwood)가 조선 땅을 밟았다. 그때는 이미 천주교가 이 땅에 전래된 지 48년이 지나 있었으며, 신약성서도 중국 봉천의 존 로스에 의해 한국어로 출간된 상태였다. 중국어로 된 기독교 서적들도 이미 한반도로 유입되었고, 북쪽 국경 지방을 통해 기독교와 하나님에 대한 소문이 퍼져 나가고 있었다.

그러나 조선에서는 여전히 기독교에 대한 두려움이 깊이 자리 잡고 있었다. 조선인, 중국인, 서양인 등 천주교 사제들이 잔혹한 고문을 받고 처형되었으며, 외래 종교에 대한 경계심이 널리 퍼져 있었다. 조선인들은 아직도 베르뇌 주교(Bishop Berneux)와 여덟 명의 사제가 한강 변에서 참

수당한 사건을 생생히 기억하고 있었다.

당시, 예수와 마리아라는 이름은 조선인들에게 죽음을 부르는 이름이었다. 그 공포의 시대를 직접 겪었던 한 연로한 부인은, 사건이 일어난 지 40년이 지난 후에도 필자에게 당시의 비극을 이야기하면서도 크게 소리를 내지 못했다.

"마음이 평안하십니까?"라는 내 질문에, 그녀는 낮은 목소리로 떨리는 듯한 대답을 했다.

"쉿! 예수, 마리아. 알고 있죠? 내 아들들도 그 일과 관련되어 있다오. 예수, 마리아. 예수, 마리아!"

점차 사람들은 개신교인 예수교와 가톨릭인 천주교를 구별하기 시작했지만, 초기에는 그 차이를 알지 못했고 천주교 박해에 대한 두려움이 예수교에도 영향을 미쳤다.

기독교 교리뿐만 아니라 서양인들 자체에 대한 반감도 컸다. 1866년 평양에서 미국 상선 제너럴 셔먼호가 나포되고 선원들이 학살된 사건이 있었다. 같은 해 프랑스 함대가 강화도를 침략했다(병인양요). 이후에도 1871년 미국 함대(신미양요), 1875년 일본군(운요호 사건)이 잇달아 조선을 침공했다.

그들에게는 서구나 일본이나 다를 바 없었다. 조선의 서쪽 끝, 한강 하구에 있는 강화도는 수백 년 동안 외세의 공격 대상이 되어 왔다. 13세기 쿠빌라이 칸(Kublai Khan)의 침략에서부터 로저스 제독(Admiral J. Rodgers), 슈펠트 제독(Commodore Schufeldt)에 이르기까지, 강화도는 끊임없이 외세의 위협에 시달려야 했다.

다행히도 선교사는 마침내 조선에 들어왔다. 그러나 많은 어려움이 그를 기다리고 있었다. 만약 모든 것이 그에게 호의적이었다면 그의 사역은 쉽기는 했겠지만, 오히려 형편없게 되었을지도 모른다. 그는 한 걸음 한 걸음 앞으로 나아갈 때마다 싸워야만 했다.

당신이 만약 미국에서 동양의 어느 외진 곳으로 이주하라는 요청을 받았다면, 처음에 무엇을 해야 할지 생각해 보라. 어디서 시작해야 하고, 무엇을 타고 가야 하며, 언제 목적지에 도착할 수 있을지를 고민하지 않겠는가? 완전히 낯선 인종과 낯선 사람들에게 복음을 전하는 일은 혼란스럽고도 어려운 과제였다. 그래서 한 사람 한 사람에게 아주 서서히 복음을 전해야 했다. 특히 그들이 우리의 동기와 기대, 관습, 그리고 무엇보다 우리의 마음을 먼저 이해하도록 해야 했다. 그래야만 성서를 가르칠 수 있는 분위기를 조성할 수 있었다.

다행히 개척자들은 이 사명을 감당할 만한 자격을 갖춘 이들이었다. 호레이스 알렌 박사(Horace N. Allen)는 의료 선교사로서 이 사역을 시작했지만, 나의 견해로는 엄밀한 의미에서 선교사의 범주에 속하지는 않았다. 그는 조선에 입국한 순간부터 1905년까지 외교관으로 활동했으며, 그의 명성은 조선에서 매우 높았다. 외국인뿐만 아니라 한국인들에게도 깊은 사랑과 존경을 받았고, 오랫동안 미국인과 한국인을 위해 성실하고 훌륭하게 봉사했다.

엄밀한 의미에서 선교사라 불릴 수 있는 이들은 호레이스 언더우드와 헨리 아펜젤러(Henry G. Appenzeller) 같은 성직자들과 존 헤론(John W. Heron)과 윌리엄 스크랜턴(William B. Scranton) 같은 의료인이었다. 선교사는 용기 있는 사람, 비전을 가진 사람, 예의를 갖춘 사람, 강한 신념을 지닌 사람, 그리고 육체적으로 강건한 사람이어야 하는데, 이 네 사람은 그 모든 자격을 두루 갖추고 있었다.

1888년 어느 날, 장로교 선교사들과 함께 서울에서 처음으로 점심을 먹었던 일이 떠오른다. 열 사람이 식탁에 둘러앉았고, 그들 중 두 사람은 위에서 언급한 개척자들이었다. 그러나 그로부터 이십 년이 지난 오늘, 열 사람이 활동하던 자리에는 나 혼자만 남았다.

그때의 첫 선교사들은 지혜로웠고, 젊은 마음을 가졌으며, 조선을 위해 생명을 바친 이들이었다. 가끔 그들과 함께했던 시간과 그때의 희망을 떠올리며, 지금은 비어 있는 자리와 오랜 이별을 생각할 때면, 나는 고개를 숙이고 다음과 같이 천천히 읊조리곤 한다.

"그들은 위험과 수고와 고통을 통하여 천국으로 가는 가파른 비탈길을 올랐습니다. 하나님, 저희가 그들의 뒤를 따라갈 수 있도록 저희에게 은총을 내려주시옵소서."

선교사역을 어렵게 한 것들

선교 사업을 방해한 요소들은 여러 가지가 있었다. 처음 몇 해 동안 기독교인이 된다는 것은 매우 위험한 일이었다. 당시 기독교, 즉 개신교는 천주교와 같은 것으로 여겨졌고, 천주교인들은 이미 수천 명이 학살당한 역사가 있었기 때문이다.

그러나 시간이 지나면서 기독교를 믿는 것이 더는 목숨을 위협하는 일이 되지는 않았다. 하지만 이와 동시에, 신자가 된다는 것이 값싸고 흔한 일이 되어버렸다. 백정, 바구니 장수, 우물 파는 사람, 가게 주인, 막노동꾼들이 모두 교인으로 받아들여졌으나, 기독교는 확실히 양반 계층을 불러들이지 못했다.

더 시간이 흐른 후, 정치적 격변기에는 기독교인이 되는 것이 일종의 유행처럼 번지기도 했다. 그러나 교회가 정치 문제에서 '손을 떼고 있다'는 사실이 드러나면서, 기독교는 점점 무관심한 집단으로 보이게 되었다. 진정한 용기와 뜨거운 열정을 가진 사람이라면 누구도 기독교인이 될 수 없어 보였고, 나라가 위태로워지는 상황에서 개종자들은 그저 방관하는 듯 보였다. 그리하여 많은 사람은 기독교를 애국자들에게 어울리지 않는 종교라고 여겼다.

마지막으로, 교회는 일본이나 일본인의 적이 아니었다. 그래서 어떤 면에서는 아무 도움이 되지 않는 존재처럼 보였다. 교회는 일본을 찬성하지도 반대하지도 않는 애매한 태도를 취했기 때문에, 당시 조선의 주요 인사들은 교회를 비웃고 조롱했다.

그러나 이러한 반대와 좋지 못한 평판에도 불구하고 교회는 꾸준히 앞으로 나아갔다. 마치 하나님께서 가장 큰 저항이 있는 길을 사랑하시는 듯했다. 오직 하나님을 대적하는 힘이 강하게 진을 갖출 때라야 그분의 능력이 더욱 분명히 드러나기 때문이었다.

교회는 그러한 저항 속에서도 걸어왔다. 오늘날 한 교회의 집회에서는 왕족, 우물 파는 사람, 고위 관료, 외교관, 백정, 상인, 뛰어난 지식인, 가난한 자와 부유한 자, 아리마대 요셉 같은 사람, 맹인 바디매오 같은 이들, 교육자, 학생, 법원 서기, 퇴직 관리 등 사회 각계각층의 사람들이 함께 모여 있는 모습을 볼 수 있다.

복음은 사회 모든 계층에 전파되었고, 온갖 반대를 이겨냈으며, 그들을 구원하는 능력이 있음을 증명해 보였다.

나의 경험을 통해 보는 선교사의 어려움 7가지

개척 사역에는 필연적으로 고난이 따르지만, 그만큼 크고 놀라운 보람도 있다. 다른 선교사들이 겪은 어려움을 설명하기 위해 나의 초기 경험을 조금 이야기해 보려 한다.

그 고난들은 무엇이었는가? 총 일곱 가지가 있었는데, 하나하나 번호를 붙일 수 있을 만큼 분명하고 확실한 고난이었다.

첫째, 온돌 바닥에 온종일 앉아 있어야 한다는 점이다.

왜 의자를 사용하지 않느냐고? 조선인들이 당신을 찾아와 바닥에 앉아 대화를 나눌 때 당신만 의자에 앉아 있으면 부적절하기 때문이다. 만약 그렇게 한다면 당신은 그들이 속한 세계에서 단번에 멀어지고 말 것이다. 이 상황을 온전히 이해하고 싶다면, 다리를 꼬고 등을 편 채로 세 시간 동안 계속 앉아 있어 보라. 어떤 사람들에게는 사실상 고문과 다름없을 테고, 무릎과 고관절, 발목뼈가 아프다고 소리를 질러댈 것이다. 자세를 바꿔 한쪽을 편하게 하면, 다른 관절들이 더 크게 비명을 지를 것이다. 의자에 앉거나 나가서 걷는 것 외에는 방법이 없다. 그러나 좌식

생활은 선교사의 소명의 일부였으며, 초기에는 필수적인 적응 과정이었다.

둘째, 잠자리 문제이다.

조선인들처럼 뜨거운 온돌 바닥에서 몇 년 동안 잠을 자는 것은, 마치 '갈색으로 구워지는 과학적 원리'를 직접 연습하는 과정과 같았다. 추운 밤, 처음에는 따뜻한 바닥이 감사하게 느껴지지만, 시간이 지나면서 방은 네덜란드식 오븐처럼 변하고 잠자는 사람은 서서히 구워지는 듯했다. 밤새도록 몸을 뒤척이며 열기와 힘겨운 꿈이 뒤섞이고, 방은 환기가 되지 않아 질식할 것 같은 기분이 들었다. 마치 온 우주가 고통 속에 빠져 있는 듯한 느낌이었다.

셋째, 음식 문제이다.

아침 식사로 익숙한 과일, 시리얼, 베이컨, 계란, 커피 대신 쌀밥, 소금물에 절인 배추와 무, 말린 생선, 고추장이 차려진다. 강한 향이 나는 음식들이었다. 미식가라면 누구나 양고기, 팬케이크, 따뜻한 비스킷, 아이스크림을 온몸으로 열망하겠지만, 바쁜 하루를 보내는 동안 그런 음식은 꿈도 꿀 수 없었다.

넷째, 떼로 몰려드는 남자들이다.

그들은 마치 당신을 짓밟듯이 몰려들 것이다! 소설 『뱅가드』를 인용하자면, "밤이 되면 윌리스의 방은 온갖 계층 사람들이 모이는 사랑방이 되었다. 몽골식 사고방식을 가진 남자들이 악취 나는 숨을 내뿜으며 그를 둘러싸고 양반다리를 하고 앉아, 갖가지 쓸데없는 질문을 퍼부었다. 팔씨름을 하자고 하거나 그의 모자와 신발을 신어 봐도 되느냐고 물어보기도 했다."

밤이 되면 방문자 중 서너 명은 가로, 세로가 각각 2~3미터 정도 되는 그 좁은 방바닥에 드러누워 잠을 청했다. 그러면서 이 오븐 같은 방의 가장 뜨거운 쪽을 존경의 표시로 외국인인 나에게 내어 주었다.

모든 문은 단단히 닫혔고 환기가 될 만한 작은 틈새조차 없었다. 이유를 물으면, "호랑이가 들어와 사람들을 잡아먹지 못하게 하기 위해서"라고 했다. 결코 불친절하거나 무례한 것은 아니었지만, 끊임없이 몰려드는 남자들로 인해 정신이 혼란스러웠다. 그들을 뚫고 나갈 방법은 없어 보였다. 새로운 사람이 올 때마다 이전에 했던 인사와 설명을 끝없이 반복해야 했다.

그전까지 나는 여성이 없는 세계가 어떤 모습일지 실감한 적이 없었다. 여성의 목소리도 없었고 여성의 손길이 닿은 흔적도 없었다. 해방된 사회에서 볼 수 있는 세련됨은 전혀 찾아볼 수 없었다. 대신, 거칠고 탐욕스럽고 방탕하며, 오만함과 공허한 자기중심주의로 가득 찬 남자들만이 있을 뿐이었다.

다섯째, 해충과의 싸움이었다.

부처의 가르침이 미친 지역에서는 살생을 금하는 계율 때문에 해충이 마음껏 번식하며 살아갔다. 어떤 해충은 눈에 보일 만큼 컸고, 어떤 해충은 있는지조차 알 수 없을 정도로 작았다. 특히 콜레라균과 같은 미생물은 자로 측정할 수도 없을 만큼 작지만, 내 생각에는 깃발과 대포로 무장한 군대보다 더 무서운 적이었다.

이 글의 목적이 해충과의 전쟁을 상세히 설명하는 것은 아니지만, 선교 초기 몇 년간 나는 끝없는 고난과 싸워야 했다. 병균은 너무 미세하여 핀으로 뚫어 자연사 박물관의 판지 위에 고정할 수도 없을 정도였다.

여섯째, 질병과 죽음이었다.

무지한 우상 숭배의 땅에서 경험하는 질병은 혐오스럽고 두려운 모습으로 나타났다. 그곳에서는 질병이 온갖 섬뜩한 형태로 사람들 앞에 모습을 드러냈다. 그중 하나를 예로 들어보겠다.

어느 날, 나는 이웃집에서 예배를 인도하기로 되어 있었다. 그 집주인이 나를 안내하러 와서 말했다.

"지금 우리 집에 뾰루지 환자가 있는데, 그 때문에 예배가 더 잘될 겁니다."

나는 어떤 종류의 뾰루지인지 생각해 보았지만, 정확히 짐작할 수 없었다.

그 집에 도착하자 그의 아내가 나와서 나를 반겼고 목사가 예배를 인도하러 온 것을 모두 기뻐했다.

'뾰루지!'

나는 그것을 좀 더 신중히 생각했어야 했다. 문간에는 안주인의 남동생이 천연두 고름집으로 온몸이 뒤덮인 채 앉아 있었다. 도망치고 싶은 충동이 들었다. 그러나 그것은 더 나쁜 결과를 초래할 것 같았고, 하나님께서 나를 이곳으로 인도하셨으니 반드시 머물러야 한다고 마음을 다잡았다.

우리는 예배를 드렸다. 설교 주제는 '물 위로 걸으신 예수'였다. 그 병자는 중간중간 고통을 참지 못하고 울음을 터뜨렸고, 다시 힘겹게 감정을 추스르며 밝은 얼굴로 설교에 귀를 기울였다.

그때 누군가 말했다.

"자, 저쪽에 앉으세요. 내가 앉아 있는 곳에는 통풍구가 있습니다."

나는 그곳에 통풍구가 있다는 사실에 무척 감사했다.

죽음은 전 세계 어디에서나 존재하지만, 예수의 이름과 함께할 때 그 무서운 모습이 얼마나 부드러워지는가.

반면 죽음이 홀로 다가올 때는 얼마나 끔찍한가.

나는 오래전 여름, 그러니까 1889년 5월, 이웃집 앞에서 장례 준비가 한창이던 광경을 아직도 생생히 기억한다. 나는 집주인 안 씨에게 물었다.

"나는 초상이 난 것을 알지 못했습니다."

"네, 저 집 주인이 죽었답니다. 이제 곧 묻을 겁니다."

"그렇다면 언제 돌아가셨나요? 오늘 우리가 나간 후인가요?"

"아니요, 오늘이 아니라 당신이 여기 오기 전입니다."

나는 그 집에서 두 달을 머물렀다.

그들이 준비한 상여에는 용 머리 장식이 달려 있었고, 온통 울긋불긋한 색으로 칠해져 있어 마치 해골과 교차된 뼈를 연상케 했다.

장례식은 끔찍할 만큼 소란스러웠다. 모두가 시끄럽게 떠들었고 우는 사람도 많았으며 술에 취한 사람들도 많았다. 매장되지 않은 시체를 앞에 두고 벌어진 그 무시무시한 광경보다 더 소름이 끼치는 장면은 상상할 수도 없을 것이다.

그러나 그 일이 벌어졌던 그 마을은 지금도 여전히 같은 산을 뒤로하고, 같은 바다를 앞에 두고 있다.

하지만 얼마나 변했는가! 이제 마을 주민 모두가 기독

교인이 되었고, 일요일은 안식일이 되었으며, 모든 가정이 예배당에서 예배를 드리고 있다. 그들은 이제 '구식의 죽음'을 씻어 버리고 그것을 편안한 잠으로 바꾸었다.

일곱째, 언어의 장벽이다.

이것은 독자 여러분이 상상하는 것보다 훨씬 더 힘든 시련이다. 당신은 마치 어린아이처럼 짧은 음절로 떠듬떠듬 이야기해야 하고, 어색한 말을 하며 끊임없이 실수를 저질러 주변의 모든 친구를 난처하게 만든다.

당신이 아무리 현명하고 훌륭한 생각을 가지고 있어도, 실제로는 가장 작은 아이보다도 못한 존재가 된다. 이러한 굴욕감은 일 년 정도 지속되거나, 때로는 훨씬 더 오랫동안 계속된다. 어떤 경우에는 평생 극복되지 않기도 한다. 그래서 때때로 선교사들은 이런 기도를 드린다.

"오, 교육받지 못한 베드로도 독수리처럼 세계의 나라들 위로 날아오를 수 있었던 그날, 오순절이 임하게 하소서."

그러나 언어의 해결은 그런 식으로 쉽게 임하지 않는다. 겸손한 태도로 조금씩 배워가는 것이 최선책이다. 하지만 그 과정이 결코 쉽지는 않다.

사람들의 신뢰를 얻기

선교 사역에서 가장 우선해야 할 중요한 일은 사람들과 신뢰를 쌓고 그들의 마음을 얻는 것이다. 선교사가 아무리 학식이 뛰어나고 근면하고 경건하며 존 녹스(John Knox)처럼 열정적이고 드와이트 무디처럼 지칠 줄 모르는 열정을 가졌다고 해도, 사람들이 그를 사랑하지 않는다면 그의 가르침을 듣고자 하지 않을 것이다.

선교지에 사람들이 사랑하지 않는 선교사들이 존재한다는 것은 가혹한 현실이다. 만약 선교사가 사랑스럽지도 않고 사랑을 받지도 않는다면, 그가 하는 모든 것은 나무와 건초와 그루터기로 세운 것처럼 불 속에서 오래가지 못할 것이다. 무선 통신에서도 송신자와 수신자 사이에 음의 조화가 있어야 하듯, 영혼에게 메시지를 전하기 위해서는 먼저 송신자인 선교사와 수신자인 동양인이 조화를 이루어야 한다.

사람들의 마음을 얻을 때, 놀라운 일들이 일어날 것이다! 군중들이 새벽부터 해질 때까지 당신을 붙잡고 놓아주지 않는다고 해도, 다음 날이면 다시 희망으로 가득 차게될 것이다. 진정으로 사역을 이루는 이는 하나님과 조화를 이루고 동시에 동양인들과도 조화를 이루는 선교사이다. 마음을 열 수 있는 열쇠를 중요하게 생각하라. 왜냐하면 그 안에 비결이 있기 때문이다.

매일 사람들이 찾아온다. 독자 여러분이라면 이 새로

운 청중들에게 가장 먼저 무엇을 이야기하겠는가?

"예수라니요? 그가 누구죠?"

"어떻게 하나님이 아들을 가질 수 있었습니까?"

"성경이라고요? 누가 그것을 알고 있죠?"

"읽어 봅시다."

이렇게 대화가 시작되면 결국 신약성경을 함께 읽는 것으로 사역이 좁혀진다. 여기에는 또 하나의 성공 비결이 있다. 논쟁은 쓸모가 없다. 설령 삼십 분 동안 전체적인 내용을 요약해서 말해준다고 해도, 그것이 큰 의미를 갖지는 않는다. 그저 앉아서 하나님이 빛을 비춰주시고 인도해 주시기를 기도한 다음 조용히 성경을 읽으면 된다. 이것이 하나님의 말씀으로 들어가는 방법이다.

또 다른 비결은 요청받지 않은 문제는 굳이 건드리지 않는 것이다.

읽고, 기도하라.

잃어버린 영혼 속에 예수가 들어가시면, 조상숭배도 누더기도 부엌 귀신들도 불결함과 무지도 사라질 것이다. 마치 태양이 갈멜산 위로 떠올라 온 언덕을 밝게 비추면 어둠이 저절로 사라지듯이.

이것이 조선에서 십자가의 길이 걸어온 방식이다. 그것은 거리에서 외치는 설교도 아니었고 거대한 군중을 모으는 행사도 아니었으며 눈에 띄는 이벤트도 아니었다. 그저 가로, 세로, 높이가 약 2~3미터 정도 되는 작은 방에서, 책상다리를 하고 방석 위에 앉아 성경을 펴 놓고 누군가와 함께 읽고 기도하는 방식으로 이루어진 일이었다.

구경거리가 된 고독한 선교사

남들이 나를 한참 동안 들짐승 보듯 바라보면, 어쩔 수 없이 고독해지고 뭐라 말할 수 없이 우울해진다. 창호지를 바른 문이나 창에는 손가락으로 뚫은 작은 구멍들이 가득하고, 그 구멍마다 검은 눈동자가 하나씩 자리 잡고는 깜박이지도 않은 채 나를 뚫어지게 지켜보고 있다.

눈 하나만, 다른 한쪽 눈도 없이, 그래서 아무런 표정도 전달되지 않는 그 눈 하나만이 구멍을 통해 나를 응시하는 모습을 보고 있으면 섬뜩한 기분이 든다. 차라리 불을 꺼버리거나 물을 끼얹어 더는 들여다볼 수 없게 만들어버리고 싶어진다. 조선에서 늘 따라다녔던 그런 시선들은 선교사로서 견뎌야 했던 가장 힘든 시련 중 하나였다.

친구 안 씨의 집에서 보낸 첫날 밤도 예외는 아니었다. 내가 쉴 수 있는 유일한 방법은 어둠 속으로 모든 것을 던져버리는 것뿐이었다. 딱딱한 멍석과 뜨거운 구들 때문에 밤새 뒤척였고, 아침이 밝아오는 것이 반가웠다.

아침 식사는 뒷문을 통해 들어왔다. 그 문은 여자들이 쓰는 안채로만 통하는 문이라, 나는 한 번도 들어가 본 적이 없었다. 전날 밤 방을 둘러싸고 있던 신비로운 분위기는 사라지고, 대신 전과 다름없는 햇살이 방안을 가득 채웠다. 이제 내 주위에는 흙과 짚, 거미줄이 만들어낸 익숙한 풍경이 다정하게 자리하고 있었다.

그날 아침 거리는 유난히 소란스러웠다. 그리고 얼마 지나지 않아 바로 내 방문 앞에서도 커다란 소란이 일어났다. 나는 주인에게 무슨 싸움이라도 벌어진 것이냐고 물었다.

그는 담뱃대를 고쳐 잡으며 태연하게 말했다.

"아무 일도 아니올시다. 싸움이 아닙니다."

나는 평화로운 상황에서도 이토록 소란스러울 수 있다면, 실제 폭동이 일어난다면 얼마나 심각할지 상상하려 애쓰고 있었다. 그러던 중, 마을을 둘러보자는 제안을 받았다.

문간을 지나자마자 막노동꾼들과 마주쳤다.

그들의 표정은 내가 아무리 친근하게 굴어도, 아무리 환한 햇살이 비춰도 전혀 바뀔 것 같지 않았다. 그들은 나를 에워싼 채 걸으며 줄곧 사나운 눈초리로 쳐다보았다. 필경 간밤에 끝내지 못한 탐색을 계속하는 듯했다.

도로는 좁았다. 여기저기 도랑이 이어져 있었고, 바닥

에는 썩은 물이 반쯤 고여 있었다. 그곳에서 풍겨 나오는 독한 냄새가 공기를 오염시키고 있었다. 집들은 다른 지역과 마찬가지로 낮은 흙벽과 짚으로 이엉을 덮은 초가집들이었다. 바닥 아래로는 불을 때어 방을 데울 수 있게 되어 있었다.

나는 문득 간밤에 머물렀던 안 씨의 집을 떠올렸다. 그곳은 불편했지만, 지금 보니 다른 집들에 비하면 마치 궁전이나 다름없었다.

김 영감의 변화: 한 영혼이 복음을 받아들이기까지

우리는 조선의 해안 마을로 기독교를 전파하기 위해 북동쪽으로 이동했다. 길을 가던 중 집 한 채를 발견하고, 그곳을 찾아가 낯선 이들에게 우리의 방문 목적을 설명했다.

모임이 열린 첫날, 방안은 사람들로 가득 찼다. 가장 멀리 떨어진 구석에는 얼굴이 붉게 상기된 몸집 작은 노인이 앉아 있었다. 그는 내가 읽는 동안 조용히 귀를 기울이며 듣고 있었다.

내가 읽기를 마치자 그는 자리에서 벌떡 일어나 단호한 목소리로 외쳤다.

"이 교리는 사람이 자기 부모를 증오하고 형제의 아내와 결혼하라고 하오. 이것이 잘못되지 않았소? 물론이

지! 썩 물러가시오! 모두가 이 교리가 틀렸다는 것을 알고 있소!"

그는 성난 기색으로 자리를 떠났다.

그러나 얼마 지나지 않아 그는 다시 돌아왔다. 이번에는 얼굴이 점점 창백해졌고, 조용히 자리에 앉아 다시 귀기울여 말씀을 들었다.

"방황하는 이에게 쉼을, 배고픈 이에게 떡을! 근심하는 자들은 모두 오라! 그리고 죽었던 자가 그분의 음성을 들었다. 가난하고 소외당한 여인은 그분께서 자신을 돌봐주셨음을 깨달았다. 죽어야 마땅한 도둑이 천국에 들어갔다. 그러나 그분 자신은 양손에 못이 박히고 발이 찢겼으며 옷이 피투성이가 되었다."

그 말씀을 듣던 김 영감은 눈물을 흘리며 자리에서 일어나, 부드러운 목소리로 말했다.

"과정이나 까닭은 잘 모르겠소. 하지만 예수라는 분의 이야기가 내 마음에 깊이 닿았소. 나는 오십여 년을 살아오면서 처음으로 하나님과 평화로운 관계를 맺은 것 같소."

사람들은 깜짝 놀랐다.

김 영감의 얼굴이 달라져 있었다. 고뇌로 가득했던 표정은 사라지고, 평화가 그의 얼굴에 비쳤다. 그는 마을의 노인들에게 자신에게 일어난 일을 전했다. 그러나 그들은 모두 당황하며 동요했다.

밤이 되자 김 영감은 큰 소리로 기도하기 시작했다. 사람들은 두려워했고 마을 전체가 혼란에 빠졌다. 마을 사람들은 차례로 고사를 지내며, 자신들을 괴롭히는 귀신으로부터 보호해 달라고 신들에게 빌었다.

그중 한 사람이 대담하게도 하나님을 모욕하며 김 영감을 위협했다. 그는 비천하고 무식한 말투로 하나님을 조롱하고는 산 아래 자신의 집으로 돌아갔다. 그런데 그날 밤, 폭우가 내리고 산사태가 일어나 그를 집과 함께 파묻어 버렸다. 김 영감은 하나님께 사람들을 구해 주시고 산사태가 멈추게 해달라고 간절히 기도했다.

그렇게 변화한 김 영감은 마을 사람들 사이에서 조금 이상한 데가 있긴 해도 착한 사람이라는 평가를 받기 시작했다. 사람들은 그를 '좀 영감', 좀스러운 노인이라 불렀다. 그가 마을 사람들의 눈에 좀스럽게 보이고 나이보다 더 늙어 보였던 것은 이 세상이 아니라 다가올 세상의 영원을 바라보며 살았기 때문이었다.

이후 그는 겨우 일 년을 더 살았으나, 고통 속에서 힘든 시간을 보냈다.

그는 이렇게 말했다.

"어느 날 땔감으로 쓸 풀을 베고 있었는데, 갑자기 모든 것이 이루 말할 수 없이 싫어졌습니다. 그래서 풀 위에 무릎을 꿇고 앉아 그분께 제 마음을 털어놓았지요. 그러자 그분은 제게 평안을 주시고, 말로 다 할 수 없는 기쁨을 주셨습니다. 아, 사람들이 이것만 안다면 모두 그분을 믿을 텐데!"

그러나 그 당시에는 마땅한 예배당도 없었고, 하루하루가 몹시 힘들었다. 내가 그 문제로 걱정하고 있다고 말하자, 그는 오히려 나를 꾸짖으며 말했다.

"형제여! 이 세상을 누가 경영하시오?"

그러고는 마루 끝으로 가서 온 마을이 다 들을 정도로 큰 소리로 기도했다. 그는 복음을 전하는 데 필요한 예배당을 구했고, 하나님께서 그 기도를 이루어 주시리라는 확신에 감사했다. 그가 간절히 기도했던 예배당은 지금 완공되었지만, 정작 김 영감은 그것을 보지 못했다. 그의 육신은 벌써 흙 속에 잠들어 부활을 기다리고 있기 때문이다.

그는 마지막까지 충실했다.

살날이 얼마 남지 않아 기력이 쇠해졌을 때도 남겨질 우리에게 힘과 용기를 주었다. 죽음과 부활! 가장 슬기로운 자들은 자신이 누구인지 알아내려고 헛된 탐구를 거듭하지만, 결국 탐구를 포기한 채 죽어 잊혀진다. 그러나 세상의 지혜를 몰랐던 가련한 이방의 노인은 진리를 발견하고, 기쁨 가운데 죽음을 맞이했다.

김 영감이 살던 작은 흙집 근처, 소나무 사이 양지바른 비탈에는 푸른 풀로 덮인 작은 봉분이 있다. 그것이 그의 무덤이다. 우리가 그와 함께한 시간은 2년도 채 되지 않았다. 그는 그저 벽지에 사는 가난한 조선인이었지만, 그의 죽음은 우리에게 깊은 쓸쓸함을 남겼다.

지금도 그를 떠올리면 저절로 눈물이 흐른다.

13장 선교사들의 수고: 성서번역과 출판

귀신들의 나라에 찾아온 빛

이 조선이라는 나라로 선교사들은 귀신들에 관한 책과 이
야기를 가지고 들어왔다. 조선인들은 그 책들을 읽고 즉시
매혹되었다.

　신약성서에는 수많은 귀신이 등장하지만, 그들은 모두
도망친다. 갈릴리의 비탈진 언덕 아래로 내몰리고(마 8:32),
그리스도의 임재 앞에서 쫓겨나며, 마침내 눈먼 자가 보
게 되고 영혼은 밝게 빛난다(마 7:22). 귀신들은 울부짖고(마
5:15), 괴성을 지르며 입에 거품을 문다(눅 9:39).

　조선의 역사에서 귀신의 세계가 이토록 무참하게 도륙
당한 적은 없었다. 이 놀라운 기적을 행하는 이는 전능하
신 존재였다. 그분은 자신을 받아들이는 모든 죄수에게 사
면을 선포하셨고, 그분을 영접한 모든 이들을 지옥으로부

터 끌어내셨다. 귀신 들린 이들을 위해 기도하면 그들이 해방되었고, 병든 자를 위해 기도하면 치유가 이루어졌다. 가난한 이들을 위해 간구할 때, 하나님께서는 해결의 길을 보여주셨다.

과연 이보다 더 절실한 도움이 필요한 땅이 있었을까? 이토록 간절히 바랐던 메시지, 기적처럼 그 필요에 정확히 부합하는 메시지가 있었을까? 우리 중에는 동방으로 와서, 잃어버린 자 중에서도 가장 희망 없는 이들을 그리스도께서 얼마나 놀랍게 구원하실 수 있는지를 배우게 된 이들도 있다.

이 세상에는 귀신들이 있으며 그리스도께서 그들을 몰아낼 수 있다는 것을 우리는 깨닫게 되었다. 우리는 성경이 진리이며 하나님께서 그 말씀의 배후에 계심을 다시금 확신하게 되었다. 그리고 하나님의 목적은 아시아를 구원하는 것이었으며, 이를 위해 젊은 미국인, 캐나다인, 영국인, 그리고 그 밖의 나라에서 온 이들이 겸손히 하나님 앞에 무릎 꿇고 다음과 같이 고백하며 헌신하도록 부르셨다.

"주여! 내가 여기 있나이다. 나를 보내소서!"

문서 출판

선교 사역의 첫 번째 단계는 출판이다.

극동에서 서양식 인쇄소를 운영하는 일은 이루 말할 수 없는 고생과 땀, 그리고 인내를 요구한다. 인쇄물이 찢기거나 파손되거나 분실되는 일이 허다하고, 페이지가 거꾸로 인쇄되는 실수도 빈번하다. 그러나 동양인들은 이렇게 말한다.

"신경 쓰지 마시오. 책을 거꾸로 들고 읽으면 됩니다. 책 속에 담긴 생각은 그대로니까요."

눈 내리는 겨울날 흰 새가 내려앉듯, 세월이 흐르면서 인쇄소장의 머리에도 흰머리가 돋아나 점차 귀를 덮어 간다. 하지만 그는 마음의 평정을 잃지 말아야 한다. 서투른 직공들과 하나 되어 그들을 사랑하고 그들과 함께 기도하는 것이야말로 가장 중요한 가르침이기 때문이다.

올링거 목사(F. Ohlinger)가 조선에 인쇄소를 설립한 날로부터, 일본인들과 조선인들에 의해 여러 개의 대형 인쇄소가 세워진 오늘날(1908년)에 이르기까지, 감리교도 출판 사역에는 놀라운 은총의 역사가 함께했다. 그가 한 작업이 복음 전파에 얼마나 큰 기여를 했는지, 감히 측정하거나 추정할 수 있는 사람은 아무도 없을 것이다. 신약성서와 쪽 복음서가 수만 권 출간되었으며, 『두 친구』(Two Friends),

『새벽』(The Peep of Day), 『천로역정』(Pilgrim's Progress) 같은 소책자들이 발간되었다.

복음이 전파되면서 인쇄물에 대한 수요도 점점 커졌다. 이에 보조를 맞추려는 출판 작업은 지난 이십여 년 동안 한순간도 멈추지 않고 계속됐다. 이제는 전국을 돌아다니며 전도하고 성경과 여러 책을 권하는 권서인(勸書人)들이 와서 이렇게 말한다.

"책이 다 떨어졌어요. 이제 어떻게 해야 하지요?"

새로운 변화가 일어나고 있다. 조선예수교서회(朝鮮耶蘇敎書會)가 책을 충분히 공급하지 못하면, 개별 기독교인들이 직접 출판을 감당한다. 나는 최근에 한 기독교인 친구로부터 『마르틴 루터의 생애』 원고를 청탁받았다. 그는 이렇게 말했다.

"우리에게는 반드시 그 책이 필요합니다. 그런데 현재 조선예수교서회는 출판할 여력이 없으니, 제가 직접 출판하려고 합니다."

그래서 그 원고는 그의 손으로 넘어갔다.

성서번역

개척 선교사들의 노력과 함께 성서번역도 동시에 진행되었다. 그러나 그 일이 얼마나 방대한 작업인지, 실제로 시도해 보지 않은 사람은 결코 알 수 없다. 뉴욕에 60층짜리 생명보험회사 빌딩을 짓는 것조차 성서번역만큼 방대한 작업은 아닐 것이다. 그 건물을 세우는 데 약 10년이 걸린다고 해도 말이다.

성서번역의 과정을 떠올려 보면, 마치 파나마 운하를 건설하는 작업이 연상된다. 우리는 먼저 작업을 위한 기초를 다진다. 문단을 하나씩 퍼내어 해체하고 각각의 단어가 의미하는 바를 철저히 분석한다. 단어의 무게를 달아보고 가치를 평가하며 기록하는 과정을 반복한다. 이 과정에는 질병과 피로가 끊임없이 따라다녔다.

그러나 신약성서는 파나마 운하와 같다. 두 개의 대양, 곧 하나님의 끝없는 사랑이라는 대양과 인간의 측량할 수 없는 영적 필요라는 대양을 연결하는 위대한 운하를 건설하는 일이었다.

신약성경번역

중국이 의화단 사건으로 극심한 고통을 겪고 있던 1900년, 우리는 신약성서 번역을 막 마쳤다. 그 망명자 몇 명이 주한미국공사 알렌 박사가 연설을 하고 특별히 제본된 신약성경을 번역자들에게 증정할 때 그 자리에 함께했다.

그때부터 구약성서 번역 작업도 진행되었으며, 약 1년

정도면 완료될 것으로 기대하고 있었다.

이미 창세기, 출애굽기, 사무엘서, 열왕기, 시편, 이사야 등이 출간되어 조선인들에게 읽히고 있었다. 그들은 요셉, 요나단, 엘리야의 이야기와 이스라엘과 유다의 악한 왕들에 대해 깊이 읽고 있었다.

복음과 함께 울려 퍼진 찬송가

복음이 전파되는 곳에는 찬송가가 생겨난다. 기쁨이 넘치는 찬송, 애처로운 찬송, 고집 센 이들과 방황하는 이들을 이끄는 찬송이 곳곳에서 울려 퍼진다.

조선에서 가장 널리 불리는 찬송에는 "예수 나를 사랑하오", "피밖에 없네", "하나님 가까이", "예루살렘 나 복된 집" 등이 있다. 이 찬송들은 낮고 허름한 오두막에서도, 상류층의 집에서도, 심지어 대궐에서도 불리고 있다. 어린이들도 찬송이 울려 퍼지는 가운데 성장하고 있다.

복음이 나아가는 길에서 찬송가가 차지하는 자리는 매우 중요하다. 그 역할은 넓고도 영구적이다. 그래서 지금까지 외국인 선교사들도 조선의 찬송가 작곡에 관여해 왔다. 그러나 언젠가 이 땅에도 아이작 와츠(Isaac Watts)나 존 웨슬리(John Wesley) 같은 이들이 나타날 것이다.

의료선교사

전 세계 여러 선교지에서 이루어지는 선교 사역의 가치를 평가해 본다면, 많은 의료인이 월계관을 쓰게 될 것이다.

이는 조선에서도 마찬가지였다. 최초로 조선 선교사로 임명된 인물도 의료인이었고, 처음으로 조선에 도착한 선교사도 의료인이었으며, 조선에서 최초로 위대한 죽음을 맞이한 선교사 역시 의료인이었다.

의료 선교사의 삶은 끊임없는 전쟁이다. 그들은 발진 티푸스, 한센병, 천연두, 콜레라 등 인류를 괴롭혀 온 끔찍한 질병들과 싸워야 한다. 그들의 소명은 가장 역겨운 고통의 동굴로 들어가는 것이다. 그곳에는 가난과 질병, 무지와 미신이 함께 들끓고 있다. 그러나 의료 선교사는 친절한 표정과 모든 인간을 향한 사랑으로 그곳에 들어가야 한다.

이따금 "의료 선교사는 선교 사역에서 정확히 어떤 위치를 차지하는가?"라는 질문을 받는다. 그 대답은 "의료 선교사는 사람들의 마음을 얻는 데 도움이 된다"라는 것이다. 이것은 사실이다.

물론, 사람들을 진심으로 사랑하는 이타적인 사람이라면 누구나 사람들의 마음을 얻을 수 있다. 그러나 의료 선교사는 그와는 또 다른 독특한 사명이 있다. 그는 비기독교 국가의 무지와 비합리성을 무너뜨리는 사람이다. 그는 동양 사회가 한 번도 접해 보지 못한 인과법칙을 전파하는 사절이다. 그는 위생의 기본을 처음으로 가르치며, 누더기와 좋은 옷의 차이를 보여 준다. 그는 기독교적 가치관을 바탕으로 한 진보된 세계를 대표하는 사람이다. 의료 선교사 없이는 선교 사업을 제대로 할 수 없다.

근거 없는 동양의 추론들

몇 년 전 중국의 유명 인사 장지동(張之洞)은 자신의 얼굴에 생긴 종양을 보고 그 원인이 자기 집 근처의 언덕을 잘라 도로를 만들었기 때문이라고 생각했다. 그는 곧 도로를 다시 덮어 메워버렸다.

이처럼 조선 역사에서도 자연 현상이 발생한 후 그로 인해 삶에 재앙이 닥쳤다고 믿는 사례들이 흔하다. 『삼국사기』에는 A.D. 80년에 다음과 같은 기록이 남아 있다.

"넷째 달에 강풍이 도성의 동문을 무너뜨렸고, 그래서 여덟째 달에 왕이 죽었다."

이런 기록을 접하면, 동양의 전통적인 독자들은 자연스럽게 "그랬구나!" 하고 받아들인다.

마치 서양인이 "존 로빈슨 스미스가 급행열차에서 뛰어내렸는데 목부터 떨어져서 목이 부러졌다"는 문장을 읽고, "그랬구나!"라고 반응하는 것과 같은 이치다.

의료 선교는 이런 세계를 대포로 겨냥해 맹렬히 포격하는 것과 같다. 그러나 의료 선교사는 동시에 인내해야 한다. 그는 제약 회사에서 개발한 최신 약품으로 환자를 치료하지만, 뒷집 김 씨 할머니는 여전히 녹용과 인삼을 달이고 있다. 그리고 환자가 회복되면 사람들은 이렇게 말한다.

"녹용 덕분이야."

14장 조선에서 순교한 선교사들

조선에서의 첫 번째 순교자, 조셉 헨리 데이비스

우리는 조선이 용맹한 동지들이 와서 고귀한 순교자가 될 만큼 가치 있는 땅이라고 믿는다. 그들은 조선을 위해 자신의 목숨을 바쳤다.

첫 번째 순교자는 조선의 저 먼 남쪽에서 나왔다. 우리가 그곳에 살던 때 조셉 데이비스(Joseph H. Davies)로부터 소식이 전해졌다. 호주 출신인 그는 부산으로 내려와 정착하고 싶어 했다.

그는 4월에 서울을 떠나 충청도와 전라도를 거쳐 부산으로 향했다. 길고도 힘든 여정이었다. 특히 한국어를 잘 모르는 데다 풍토에 적응하지 못한 그에게는 더욱 가혹한 여행이었다. 주민들은 그를 오해했고 불친절하게 대했다.

부산에 도착하기 삼사일 전 그는 병에 걸렸으나, 어떤

병인지도 알 수 없었다. 어느 비 내리는 오후 한 막노동꾼이 나에게 쪽지를 전해주었다.

"즉시 와 주세요. - J. H. 데이비스"

그는 내가 살던 집에서 약 1.7km 정도 떨어진 곳에 있었다. 그를 찾아갔을 때 그는 햇볕에 그을리고 여행에 지쳐 있었으나, 특별히 심하게 아파 보이진 않았다. 다만 그를 돌보던 막노동꾼들이 돈을 더 달라고 성가시게 굴었고, 데이비스는 내게 그들을 좀 떼어 놓아 달라고 부탁했다. 품삯 문제가 해결되자 그는 내 팔을 의지한 채 걸어서 내 방으로 왔다. 그리고 간이침대에 누워 잠시 쉬었다.

"이젠 좋아지겠지요."

그는 음식을 조금 먹으며 이렇게 말했다.

나는 곧 일본인 의사를 불렀다. 의사는 그의 몸에 난 자국을 살펴보더니 천연두라고 진단했다. 그날 밤 이 선생과 나는 밤새도록 데이비스를 간호했다. 이 선생이 교대로 간호한 후 내 차례가 되어 돌보러 갔을 때, 데이비스가 나를 보며 말했다.

"이 사람은 나한테 정말 친절했습니다. 내 이마를 닦아주고 고통을 견디도록 도와주었어요."

다음 날 정오가 되기 전 폐렴의 징후가 나타났다. 독일어를 쓰는 그 일본인 의사는 "그는 곧 죽을 겁니다"라고 말했다. 그 말은 사실이었다.

한 시간도 채 되지 않아 데이비스는 세상을 떠났다. 머나먼 이국땅 외딴 산기슭에서. 나는 그를 돕던 현지인 한두 명과 함께 데이비스가 남긴 모든 것을 묻어 주었다.

조셉 헨리 데이비스.

그는 조선을 위해 목숨을 바친, 진실한 마음을 가진 용기 있는 그리스도인이었다.

헤론 박사와 그의 삶

그로부터 몇 주가 지난 후 나의 친구 말콤 펜윅(Malcomn C. Fenwick)과 존 헤론이 육로를 통해 나를 방문했다. 당시 헤론은 조선의 여러 외교관과 국왕을 보살피는 의사였다. 그들은 이틀 정도 머문 뒤, 헤론 박사는 나에게 증기선을 타고 함께 서울로 돌아가자고 제안했다.

사실 그때 나는 기분 전환이 필요한 상태였다. 서울에 도착한 지 얼마 되지 않아 우리는 남한산성을 찾았다. 외국인들이 무더운 여름을 피할 수 있도록 피서지를 마련하기 위해서였다.

어느 날 오전 우리는 성곽을 따라 돌며 꽃을 따고 적절한 장소를 물색했다. 그날 아침 내 친구의 마음속에는 고향을 방문할 계획이 있었다. 그때는 평범하게 주고받은 대화들이었지만, 지금 돌아보면 각별히 깊은 의미를 지닌 순간이었다. 산책을 마친 뒤 잠시 기분을 전환한 헤론은 말을 타고 다시 시립병원으로 돌아갔다.

그곳에서는 수많은 환자와 장애인들이 그의 손길을 기다리고 있었다. 국왕에서부터 가난한 막노동자에 이르기까지, 많은 조선인이 그의 뛰어난 의술 덕분에 육체의 고통에서 해방되었다. 그는 마치 기독교 기사단의 기사와 같았다. 그리고 그의 외과수술용 메스는 그가 휘두르는 무기였다.

그는 현지인들을 위해 헌신하는 가운데에서도 외국인들의 건강과 안전 또한 결코 소홀히 하지 않았다. 그들에게도 책임이 있다고 생각했기 때문이다. 그가 얼마나 많은 이들을 지켜주었는가. 그는 용감하고 두려움 없는 형제였으며, 높은 자들에게 존경받고 낮은 자들의 마음과 애정을 얻은 사람이었다. 그의 이타적이고 친절한 삶 자체가 언제나 영적 설교가 되어 그를 따랐다.

그러나 일주일 후 그는 치명적인 질병으로 쓰러졌다. 그렇게 많은 환자를 돌보던 그가 자신의 죽음을 맞게 된 것이었다. 이틀 동안 그는 극심한 고통을 겪었다. 그리고 우리 몇몇은 그의 곁을 지키며, 그의 영혼이 조금의 요동도 없이 조용히 떠나는 순간을 지켜보았다.

그의 마지막 말은, 그를 둘러싼 병사들과 조선인 친구들을 향한 것이었다.

"예수님은 당신들을 사랑하십니다. 그분은 여러분을 위해 자기 생명을 주셨습니다. 언제나 그분의 곁을 지키세요."

그는 조용히 잠들었고, 그것이 곧 그가 사랑받는 사람이었음을 증명하는 순간이었다. 그의 육신은 한강의 둑(양화진 외국인 선교사 묘원)에 안치되었다.

그는 이곳에 묻힌 첫 번째 사람이 되었다. 그는 가장 고귀하고 훌륭한 사람들 가운데 서 있었으며, 자신의 생명을 조선의 사람들을 위해 내려놓았다.

홀 박사의 죽음과 그가 남긴 유산

헤론 박사가 우리 곁을 떠난 지 얼마 지나지 않아, 우리는 또 한 명의 의사 윌리엄 홀 박사(William J. Hall)의 죽음을 애도하기 위해 다시 모였다.

홀 박사는 감리교에서 파송 받아 온 선교사였으며, 그의 존재는 우리 모두에게 큰 축복이었다. 그 역시 기독교 신앙에서 좀처럼 만나기 어려운 성자의 모습을 지닌 사람이었다. 어떤 훌륭한 화가라도 홀 박사의 얼굴보다 더 완벽한 구세주의 얼굴을 그리지는 못할 것이다. 홀 박사의 얼굴에는 하나님의 영광이 그대로 드러나 있었고, 나는 그와 함께 있을 때 나의 죄와 허물을 더욱 깊이 느끼곤 했다.

홀 박사는 사무엘 마펫 선교사와 함께 평양 선교의 문을 여는 일을 맡았다. 그 당시 평양은 전쟁과 악이 들끓던 도시였다. 그리고 홀 박사는 그 도시에서도 가장 열악한 지역에서 살았다. 나는 마음속으로 그의 모습을 떠올려 본다. 그는 핍박과 시련 속에서도 인내하며 오랜 시간 고통을 감내했다. 그리고 구세주께서 그러셨던 것처럼 자신의 빛을 사람들에게 비추었다. 그는 건강을 위해 햇볕을 쬐어야 할 시간조차, 어두운 작은 방에서 무릎을 꿇고 기도했다. 그리고 간절히 간구했다.

"하나님, 평양의 문을 복음으로 열어 주소서."

이제 그 도시는 열렸다. 사랑하는 형제의 기도는 응답받았다. 그러나 그는 이제 우리 곁에 없다.

"아, 사라져 버린 그의 손길이여, 여전히 귀에 쟁쟁한 그의 음성이여."

그도 역시 한강 둑 위, 그의 동지 헤론 박사의 곁에 잠들어 있다. 조선 사람들을 위해 자신의 목숨을 바친 또 한 명의 사람이다.

맥켄지 목사: 거인 같은 믿음을 가진 순교자

조선인은 천성적으로 영웅을 숭배하는 민족이다. 그들은

키가 2미터에 가까운 거대한 체구, 넓은 등, 두꺼운 손을 가진 거인 윌리엄 맥켄지(William J. McKenzie)를 좋아했다. 그런 사람이야말로 삶의 슬픔이나 무거운 짐을 가볍게 던지고 받아낼 수 있다고 믿었기 때문이다. 이런 이유로, 선교사 맥켄지가 조선에 처음 왔을 때부터 조선인들은 그를 존경했다. 나는 사람들에게서 그가 모든 면에서 '제일'이라는 말을 자주 들었다.

"그 사람만큼 키가 크고, 튼튼하고, 힘센 사람은 없습니다."

조선인들은 그가 거인의 목소리를 가졌다고 말했지만, 사실은 그리스도를 닮은 온유한 성품 덕분에 그는 양처럼 순한 사람이었다. 그래서 그는 모두에게 사랑받았다. 사람들은 이렇게 말하곤 했다.

"김 목사 같은 믿음을 가진 사람은 없습니다."

조선인들은 그를 '김 목사'라고 불렀다.

조선인들에게 맥켄지는 기독교적인 강인함과 용기의 상징이었다. 동학군이 내려와 사람들을 죽이고 약탈할 때 모든 조선인은 도망쳤지만, 김 목사, 맥켄지는 떠나지 않았다. 그는 마치 땅속 깊이 뿌리내린 바위처럼 어떤 힘으로도 움직일 수 없는 존재였다. 그래서 기독교인들은 소중한 물건들을 그에게 맡겼다.

전쟁이 계속되는 동안 겁에 질린 사람들은 붉은 십자가 깃발이 걸린 곳으로 몰려들었다. 그곳은 바로 맥켄지가 조선인 친구들과 함께 살던 집이었다. 살인자들이 붉은 피가 묻은 칼을 들고 '외국 악마를 죽이겠다'며 몰려왔으나, 그를 본 순간 마치 겁에 질린 개처럼 슬그머니 사라졌다. 그들이 유대 족속의 사자처럼 보이는 그를 보고 두려워했기 때문이었다.

맥켄지는 단순한 선교사가 아니었다. 그는 기독교 공동체를 세웠을 뿐만 아니라, 소년들에게 공놀이를 가르쳤고 그들이 육체적으로뿐만 아니라 영적으로도 강한 사람이 되도록 지도했다.

그는 황해도 서해안 지역을 비추는 빛과 같은 존재였다. 그러나 그가 시련의 때를 지나 믿음의 증인이 되어 자신의 형제들을 품에 안고 안전하게 지켜냈을 때, 그의 사명은 완수되었다. 그를 넘어뜨릴 수 있는 유일한 적, 병마가 그를 덮쳤다. 그는 용감한 순교자로서 고통을 견디며 자신의 죽음 속에서 깊은 굴욕을 맛보았다. 내 생각에는, 바로 그 굴욕으로 인해 그는 더욱 구세주를 닮았다.

그는 의식을 잃은 상태에서 자신을 권총으로 쏘았다. 조선인들은 이와 같은 믿음의 시련에 깊이 상심했지만, 그를 해안의 나무 아래에 정성을 다해 묻어 주었다. 그가 묻힌 곳은, 그가 증인이 되어 주님을 위해 가장 용감하게 살았던 곳이었다.

휴 브라운 박사: 순교자이자 기독교인의 용기

소중한 추억 속에 남아 있는 인물이 한 명 더 있다. 그는 순교자의 대열에 포함되어야 할 사람, 휴 브라운(Hugh M. Brown) 박사이다.

그의 급한 성미와 따뜻한 마음을 보면 그가 스코틀랜드 고지대 출신임을 쉽게 알 수 있다. 그러나 우리는 무엇보다도 그의 친절한 성품을 가장 깊이 기억한다. 그는 역경과 싸워 이겨낸 기독교인의 사랑과 자비 그 자체였다. 그 역시 스코틀랜드 고지대 출신인 맥켄지처럼 강한 체격을 지녔으며, 그래서 결국 그가 무기를 내려놓고 항복했을 때 그 모습은 마치 나폴레옹이 항복하는 것 같았다.

그는 선교 현장에서 언어를 빠르게 익혔고, 병든 몸으로도 건축하고 연구하고 가르쳤다. 그러나 폐결핵이 악화되었다. 그의 심장은 여전히 뛰고 그의 용기는 여전히 굳건했지만, 그가 죽는 것은 시간문제일 뿐이었다.

그는 솔직하고 정직한 성품을 가진 사람이었다. 자기 생각을 숨김없이 표현했고 확신하는 것은 끝까지 지켜냈다. 그러나 이 솔직함이 때때로 그의 가장 큰 실수의 원인이 되기도 했다. 누군가 부당하게 짓밟히는 것을 보면 그의 스코틀랜드 혈기가 치솟았다.

어느 날 우리는 함께 한성 거리를 걷고 있었다. 그때 남자들과 소년들이 모여 닭싸움에 열중하고 있는 모습을 보게 되었다. 불쌍한 닭들은 피투성이가 되어 기진맥진해 있었다. 그러자 브라운 박사는 순식간에 닭 한 마리를 낚아채더니, 겨드랑이에 끼고는 아무 일 없다는 듯 앞으로 걸어 나갔다.

뒤에서는 소란스러운 패거리가 따라오며 소리쳤다.

"닭을 놓고 가라!"

한 남자가 박사의 어깨를 잡으며 닭을 억지로 빼앗으려 했다. 그러나 브라운 박사는 단숨에 그 남자의 팔을 비틀어 돌려세웠고 그 남자는 겁에 질려 황급히 사라졌다. 박사는 닭을 살려주기 위해 어느 높은 담장으로 가서 닭을 반대편으로 던졌다. 닭은 지붕들 사이로 사라졌다.

그뿐만이 아니었다. 그의 조선인 선생이 부당한 이유로 관아에 감금되어 매질과 학대를 당하고 있었다. 브라운 박사는 즉시 상황을 파악하고 마치 윌리엄 월리스 경(Sir William Wallace)이 했을 법한 방식으로 관아의 문을 부수고 그를 구출했다. 윌리엄 월리스 경은 잉글랜드의 통치에서 스코틀랜드를 해방하기 위해 싸웠던 가장 위대한 스코틀랜드의 민족 영웅이었다. 그러는 동안 지방관과 병사들은 안전한 거리에서 가만히 지켜볼 뿐이었다. 그의 행동은 분명 무모한 실수였지만, 나는 그가 그런 사람이었기에 더욱 존경한다.

여러분도 그렇지 않은가? 그는 기사도 정신으로 가득 찬 그리스도인 병사였다. 그는 결코 자신의 이익을 위해 싸운 적이 없었다. 오직 원칙과 짓밟히는 자들의 권리를 위해 싸웠을 뿐이었다. 그러나 그의 강한 손이 더는 싸울 수 없게 되었을 때, 그는 평안히 누워 주님께서 오셔서 이 땅의 억눌리고 갇힌 가련한 이들을 자유롭게 하실 것을 믿으며 눈을 감았다.

이미 우리 중 가장 용감하고 훌륭한 이들이, 단 12년이라는 짧은 기간 동안 조선을 위해 희생되었다. 그러나 지금 조선에는 천 명 이상의 기독교인들이 있다. 같은 기간 동안 일본에서는 겨우 열 명의 신자가 생겼으며, 중국에서는 40년 동안 사역한 끝에 단 열 명의 신자가 나왔다. 그러므로 한국은 복음에 대한 응답을 통해, 이 용감한 이들의 죽음이 헛되지 않았음을 증명하고 있다.

게일 연보

1863.2.19. 캐나다 온타리오 알마 출생.

1884. 앨로라 고등학교를 졸업. 토론토대학교 입학.

1885. 프랑스 유학 중 맥콜선교단에서 활동.

1886. 부흥사 무디의 설교를 듣고 선교사역 결심.

1888. 토론토대학 졸업(문학사 전공). 토론토대학의 YMCA 파송으로 부산 도착.

1889. 해주와 소래로 떠나 그곳에서 한국어 선생 겸 한국학 연구에 많은 도움을 준 이창직과 만남. 부산 선교부를 세우기 위해 이창직과 부산으로 갔으나 선교사 헤론의 설득으로 다시 서울로 돌아옴.

1890. 미국 북장로교 선교사 마펫과 만남. 마펫이 학장으로 있는 예수교학당에서 영어 수업. 영국 성서공회 전임 번역위원으로 활동 시작. 캐나다 토론토 대학 YMCA의 선교부가 해체되며 재정적 어려움으로 선교비 지원 중단.

1891. 마펫, 서상륜과 함께 평양 및 만주 순례. 마펫의 도움으로 미국 북장로교 선교사로 임명. 언더우드가 운영하던 고아원(경신학교의 전신)과 여학교(정신여학교 전신)을 대신 운영.

1892. 의료선교사 헤론의 미망인 깁슨과 결혼. 언더우드의 귀국으로 새로운 선교 개척지인 원산으로 이주하여 선교활동. 이창

직의 도움으로 저술활동. 게일이 번역한 『사도행전』 간행.

1893. 성서번역위원회 활동 시작.

1894. 『사과지남』 출간.

1895. 『천로역정』 출간. 삽화는 그의 전도로 기독교인이 된 기산 김준근이 그림. 장로교 선교 10주년 행사로 서울에 온 후 이창직과 일본으로 건너가 사전 편찬 작업.

1897. 『그리스도신문』 주필로 10여 년간 봉사. 『한영자전』 일본에서 출간. 안식년으로 미국으로 건너가 마펫이 속해있는 미국 인디애나주 뉴-알버니 장로교 노회에서 마펫의 주관으로 목사안수 받음.

1898. *Korean Sketches* 집필. 뉴욕에서 간행. 한국으로 다시 돌아와 원산에서 선교활동. 이후 소설 *The Vanguard*의 주인공이 되는 고찬익을 전도.

1899. 원산이 캐나다 장로교의 선교지역이 되자 가족과 함께 연못골(현 연지동)로 이주.

1900. 미국 북장로교 선교부에 의해 개척된 연못골 교회(현 연동교회)의 담임목사로 1927년까지 시무.

1901. 경신학교 교장으로 학교 교과서로 사용할 『유몽천자』 간행.

1903. 황성기독교청년회(YMCA)의 창립회원이자 초대회장으로 추대.

1904. 소설 *The Vanguard* 간행. 미국 하워드대학에서 성서번역과 한국문학 번역 등의 문학적 업적을 인정받아 명예신학박사 학위. 『유몽속편』 출간.

1906. 안식년을 맞아 가족이 있는 스위스를 경유하여 미국으로 건너감. 루즈벨트 대통령을 만나 한국공사 파견 문제를 상의.

1907. 한국으로 돌아와 9월 6일 조선예수교장로회 독노회 노회장으로 선출.

1908. 부인 깁슨이 결핵으로 소천. 고찬익 장로 소천. 게일의 부모님 소천. 평양신학교 교수로 재직.

1909. *Korea in Transition* 출간.

1910. 에이다 루이사 세일과 결혼. 조선예수교장로회 독노회 노회장으로 재선출.

1911. 예수교서회 부회장에 피선. 1911-1916년까지 서양에 아시아를 알리기 위해 설립한 왕립 아시아학회(Royal Asiatic Society)의 한국학회 회장.

1913. *Korean Folk Tales* 간행.

1915. 연희전문학교(현 연세대학교 전신) 설립.

1916. 평양신학교의 신학이 고루함을 비판하며 교수직 사임. 이일로 마펫과 사이가 소원해짐.

1917. 피어선기념성서학원 원장으로 활동. 시가(詩歌)를 연구하여 조선음악연구회 조직. 찬송가 개편 착수.

1919. 4월까지 *The Korean Repository*에 한국의 풍속, 역사 종교 등에 대한 기사 기재. 김창업이 지은 『연행록』(燕行錄) 부분 발표. 이해조가 지은 『옥중화』(獄中花)를 완역해 '춘향전'이라는 제목으로 발표. 이규보의 『동국이상국집』을 번역하여 기고. 연못골교회에 남사당패였던 임공진을 전도하여 장로로

세움. 임 장로와 함께 조선의 가락에 가사를 붙인 찬양가를 만들었고, 이 일로 선교사들에게 빈축을 삼. 주일학교운동을 시작하여 오늘날 한국 기독교의 주일학교(교회학교)의 모태 형성. 안식년으로 미국행.

1920-1924년 『연경좌담』, 『예수의 인격』, 『구약예표』, 『유락황도기』, 『선영대조대학』, 『양극탐험기』, 『영미 신이록』, 『소영웅』, 『크루소 표류기』, 『기독성범』, 『와표전』, 『모자 성경문답』, 『덕혜입문』, 『나사렛 목수 예수』 등을 출간.

1922. 김만중의 『구운몽』을 최초 번역하여 런던에서 출간.

1923. 성서번역위원회 의장 사임.

1924. 1927년까지 *The Korean Mission Field*에 'A History of the Korean People' 연재.

1925. 윤치호의 도움으로 그동안 번역한 성서를 창문사에서 간행. 최초의 사역(私譯) 성경이며 1937년 성서공회는 이를 토대로 개역성경을 간행.

1927. 연동교회 사임. "나 언제까지 내 마음에 한국에…"라는 말을 남기고 선교부와의 계약 기간인 1928년 8월까지 미국에서 북장로교회의 선교선전과 모금사업을 한 뒤 정년으로 은퇴. 이후 온타리오에서 의회 도서관의 동양 전문가 직책을 제의받았으나 아내와 함께 영국 배스에 정착. 자신이 존경하는 찰스 디킨스가 살던 집을 빌려 거주.

1937. 1. 31. 74세의 나이로 소천.

게일의 작품 안내

◇ 『한영자전』(韓英字典) 1891

　1890년 언더우드가 편찬한 최초의 한영사전과 영한사전으로 게
　일과 헐버트가 함께 도와서 출간되었다.

◇ 『사과지남』(辭課指南) 1894

　이 책은 한국 문법서로 국어의 활용어미 변화를 설명하고 있다.
　전문적 연구서라기보다는 외국 선교사들의 한글 이해를 돕기 위
　해 만들어진 책으로, 한글 문장과 영어 문장을 대조하는 방식으
　로 구성했다. 1,098개의 예문은 시조, 전통관습, 신앙 등의 내용
　을 담고 있으며, 1916년에 개정된 책에는 더 풍부한 내용을 담
　았다. 부록에 담긴 영어로 풀이한 한국 속담은 이후 많은 속담집
　에 그대로 활용되기도 했다.

◇ 『사도행전』 1895

　1887년 성서번역위원회가 설립된 후 초기 성서번역과 출판사업
　을 책임졌던 언더우드와 스크랜튼 대신 1893년부터 게일과 아
　펜젤러가 성서번역위원회 활동을 시작했다. 이러한 성서번역위
　원회 활동의 결과물로 나온 것이 사도행전 한글 번역본이다. 번
　역 과정에서 언더우드는 '천주'로, 마펫과 게일은 '하나님'으로
　번역하기를 주장했다. 사도행전 개정판에서의 용어 변화는 당시
　성서번역위원회 내에서 하나님에 대한 용어 문제가 어떻게 논의
　되었는지를 잘 보여주고 있다.

◇ 『천로역정』(天路歷程) 1895

영국의 종교작가 존 번연의 종교적 우의소설인 *Pilgrim's Prog-ress*를 한국어로 번역한 것이다. 처자를 버리고 손에는 성서를 들고 죄를 짊어진 채 멸망의 도시를 떠나 하늘 도시에 도달하는 여정을 그린 소설이다. 초간본은 1895년 이창직의 도움을 받아 삼문출판사에서 목판으로 인쇄되었다. 이 책에 실린 삽화 21점은 원산에서 그의 전도를 받아 회심한 기산 김준근이 그린 것이다. 서구소설의 첫 번역소설이며 종교소설이고 풍속화가 김준근의 작품을 볼 수 있다는 점에서 자료적 가치가 매우 높다. 또한이 책은 갑신정변으로 한성감옥에 수감 중이던 이승만, 이상재 등 개화파 지식인들의 옥중 회심을 일으킨 작품이다.

◇ 『한영자전』(韓英字典)

이 자전은 『한영자전』이란 이름으로 일본 요코하마에서 출판되었다. 프랑스 신부들이 편찬한 각종 사전을 토대로 편찬한 것으로 수록 단어가 약 3만 5천에 달했다. 요코하마에서 1911년에 다시 출판되었는데 다소 수정을 가해 약 1만 5천여 단어가 더해져 총 단어와 어휘의 수가 5만에 달했다. 1923년 관동대지진으로 2판의 연판(鉛版)이 소실되어 조선예수교서회가 그 판권을 양도받아 새로 1931년에 증보하여 출간했다. 3판에 이르면 단어는 7만 5천에 달해 당시로써 최대 규모의 사전을 자랑했다. 조선어 연구자에게 가장 많은 사료적 가치가 있는 사전으로 통속어뿐 아니라 한자로 돌릴 수 있는 말, 한자마다 음과 훈, 영역을 했다.

◇ *Korean Sketches* 1898

게일이 한국에 온 지 10년 동안 경험한 것을 기록한 책으로 19세기 말 한국의 정치, 사회, 문화, 종교 등의 모습을 살펴볼 수 있다. 내용의 상당 부분은 이미 잡지 *The Korean Repository*에 소개되었다. 이 책의 원문과 사진 자료는 명지대학교 한국 관련 서양고서 사이트에서 볼 수 있다.(www. e-coreana.or.kr)

◇ 『유몽천자』(牖蒙千字) 1901

캐나다 온타리오 공립학교의 교과서를 본떠서 편집한 4권으로 된 책으로 그가 설립한 경신학교에서 교과서로 사용하였다. 1, 2, 3권까지는 국한문 혼용체로 천문학, 세계사, 보건, 근대사상, 영미문학, 생활교훈의 내용을 담았으며, 넷째 권 『유몽속편』은 한문교재로서 『동국여지승람』과 『동문선』에서 발췌한 내용을 담았다.

The Thousand Character Series라는 총서명은 한국 아동들의 전통적인 교과서 역할을 했던 이전의 『천자문』과 대비시킬 의도로 사용했다. 이 책은 이창직과 같이 펴냈다.

◇ *The Vanguard* 1904

게일이 평양과 원산에서 전도활동을 했을 당시를 토대로 하여 만든 실화소설로 주인공은 실제 게일이 전도하여 연동교회의 초대장로가 된 고찬익이다. 서양인의 눈으로 본 당시 한국의 모습과 사진은 사료적으로도 그 가치가 높으며 덴마크어로도 번역되어 읽혀졌다. 이 책의 원문과 사진자료는 명지대학교 한국 관련 서양고서 사이트에서 볼 수 있다(www. e-coreana.or.kr). 키아츠는 2012년 『뱅가드』(*The Vanguard*)를 한영합본으로 출간했다.

◇ 『성경 요리 문답』 1906

장로교회 교리를 번역하여 성경을 이해시키기 위한 문답식 교리
서다.

◇ 『루터(개)교기략』 1908

마틴 루터(Martin Luther)의 생애를 다룬 책이다. 게일이 저술하고
이창직이 교열했다. 윤치호, 이상설 등이 민족의식 고취와 교육
을 위한 도서 출간을 위해 설립한 광학서포에서 발행되었다.

◇ *Korea in Transition* 1909

격변하는 조선의 모습을 에세이 형식으로 담은 저서로 한국 선
교의 길라잡이가 되는 책이다. 당시 한국의 정세뿐 아니라 한국
인의 정신세계와 신앙까지 이해하는 게일의 탁월한 통찰력을 엿
볼 수 있다. 1911년에는 덴마크어로 번역되어 출간되었다. 이
책의 원문과 사진자료는 명지대학교 한국 관련 서양고서 사이트
에서 볼 수 있다.(www. e-coreana.or.kr)

◇ 『예수 행적 기념시』 1911

시조 형태의 가사(歌辭)로 이창직이 저술을 도왔다. 예수의 탄생
에서 승천까지의 성경내용을 4.4조의 시조 형태로 읊었다. 한국
적인 정서를 담아내기도 했는데, 예를 들어 십자가 처형 장소인
골고다를 당시 조선시대 형장이었던 '동대문 밖'으로 표기했다.

◇ 『영혼편』 1911

◇ 『예수의 재림』 1913

한국에 온 후 25년 되는 해에 출간한 책으로, 블랙스톤(William E.
Blackstone)의 *Jesus is Coming*(1878)을 번역했다. 25개의 언어로
출간된 책으로 한국어 번역은 게일에 의해 이루어졌다. 블랙스

톤은 세대주의적 전-천년설의 권위자로 이 책은 이후 한국성결
교회의 종말론에 영향을 미쳤다.

◇ *Korean Folk Tales — Imps, Ghosts and Fairies* 1913
조선 중기의 임방과 이육의 글을 영어로 번역한 책이다. 현재 우
리에게도 생소하고 이미 사장된 총 53편에 이르는 조선시대의
많은 이야기들을 담고 있다. 설화, 전설, 기담 등 동양사상의 한
단면을 보여주는 이야기들이 묶여 있으며, 1963년에 다시 간행
되기도 했다. 이 책의 원문은 명지대학교 한국 관련 서양관련 사
이트에서 볼 수 있다.(www.e-coreana.or.kr)

◇ 『의회통용규칙』 1916
1911년 3월 11일 윤치호가 미국인 로버트(Robert)의 저서 *Rules
of Order*를 번역한 것이다. 이 책은 독립협회에서 토론회와 의
회 설립을 위한 교재로 사용되었다.

◇ 『예수의 인격』 1921
포스딕(H.E. Fosdick)의 *The Manhood of the Master*를 게일과
브로크만(F.M. Brockmaan)이 번역한 것으로 예수의 인격을 12장
으로 나누어 다루고 있다.

◇ *The Cloud Dream of the Nine* 1922
1689년 김만중이 쓴 『구운몽』을 영역한 것으로, 영어번역의 저
본은 1725년 간행된 나주본의 목판본으로 추정하고 있다.

◇ 『구약예표』 1923
구약의 예언이 신약의 사건으로 나타난 것을 설명한 책이다.

◇ 『연경좌담』(演經坐談) 1923
사복음서에 나오는 이야기를 시조로 엮은 것으로 악보가 없고

가사만 수록되어 있다. 서양의 곡조보다 한국 전통 가락을 사용하여 찬양함으로 하나님에 대한 찬미가 더욱 기쁨이 넘치도록 하기 위해 출간되었다. '여러 사람들과 앉아 성경을 읽는다'라는 의미의 연경좌담은 노래복음서라고 할 수 있다. 총 149개의 노래로 구성되어 있고 그 가락이나 구성이 판소리와 비슷하다.

◇ 『선영대조대학』(鮮英對照大學) 1924

『대학』(大學)을 한국어 언해와 영어 번역, 한문 원본과 함께 담고 있다.

◇ 『유락황도기』 1924

Johann Rudolf Wyss의 *The Swiss Family Robinson or Adventures on a Desert Island*(1813)를 번역한 책이다. 이원모와 게일이 함께 작업했다.

◇ 『양극 탐험기』 1924

스코틀랜드 탐험가인 브루스(William S. Bruce)의 *Polar Exploration*(1911)을 번역한 것으로 이창직, 이원모, 게일, 중국인 Loo Heng-seng이 참여했다.

◇ 『영미 신이록』 1925

이원모와 함께 쓴 이 책은 영국과 미국의 기이한 이야기를 모은 책을 번역한 것이다.

◇ 『소영웅』 1925

스코트(France Hodson Burnet, 1849—1924)의 *Lollle Lord Fauntleroy*를 번역한 책으로 이원모와 공역했다.

◇ 『크루소 표류기』 1925

영국의 작가 다니엘 디포(Daniel Defoe)의 장편소설인 *Robinson*

Crusoe(1719)를 번역한 책으로 이원모와 함께 번역했다. 스코틀 랜드의 한 선원의 실제 이야기를 바탕으로 쓴 책이나 내용 면에 서는 『천로역정』과 함께 종교적, 도덕적 우의문학이라는 평가를 받는다.

◇ 『기독성범』 1925

토마스 아켐피스(Thomas A Kempis)의 *The Imitation Christ*를 번역한 책이다. 현대인에게는 『그리스도를 본받아』라는 이름으 로 알려져 있는 책이다.

◇ 『와표전』 1925

19세기 초 영국의 역사소설가이자 시인인 월터 스코트(Walter Scott)의 작품 *The Talisman*(1825)를 번역한 책이다. 스코트는 잉 글랜드와 유럽지역에서 전해오는 전설이나 민요에 관심을 갖고 그것을 수집하고 출판했으며 *The Talisman*은 십자군 전쟁을 배경으로 한 역사소설이다.

◇ 『신역신구약전서』 1925

필요에 따라 의역을 통해 한국인이 더 깊이 이해할 수 있도록 한 게일이 번역한 성경이다. '게일역' 또는 '조선어풍 성경'이라고 하는데 개인이 성경 전체를 번역한 것은 이 책이 처음이다. 성서 번역위원회에서 게일이 희망하는 용어 및 번역에 의견이 맞지 않자 스스로 위원직을 사임하고 번역을 시작했다. 이후 일본에 서 알게 된 윤치호가 설립한 창문사를 통해 그 비용을 후원받아 발행했다.

◇ *The History of the Korean People* 1927

잡지 *The Korea Mission Field*에 1924년 6월부터 1927년 9 월까지 총 38회에 걸쳐 연재된 기사를 다시 단행본으로 엮은 것이다. 『삼국사기』와 『동국통람』을 토대로 각 시대의 왕과 주요 인물을 소설 형식으로 설명하고 있다.

◇ 『모자성경문답』 1933
성경의 특징을 어머니와 아들 사이의 문답으로 25가지 말하고 있다.

◇ 『덕혜입문』 1933
1915년 언더우드가 한 차례 번역한 바 있는 책으로, 그리피스 존(Griffith John)의 *The Date of Virtue and Wisdom*을 번역한 교리서이다.

◇ 『예수행적연표』 1933
예수의 행적으로 연대기적으로 알기 쉽게 설명한 책이다.

◇ 『나사렛목수예수』 1933
평신도 로버트 버드(Robert Bird)가 쓴 *Jesus the Carpenter of the Nazareth*를 이원모와 함께 번역한 것이다.